Walther Rohdich

Minden
Die Geschichte der Schlacht am 1. August 1759

Walther Rohdich

Dies ist der eigentliche Sieger der Schlacht von Minden, der im Auftrag zweier Könige kämpfte: Des Königs von Preußen und des Königs von Großbritannien

--- Minden ---

Die Geschichte der Schlacht am 1. August 1759

Bibliografische Information der Deutschen Nationalbibliothek:
Die Deutsche Nationalbibliothek verzeichnet diese Publikation in der Deutschen Nationalbibliografie; detaillierte bibliografische Daten sind im Internet über http://portal.dnb.de abrufbar.

ISBN 978-3-98527-651-6

www.rediroma-verlag.de

12,95 Euro (D)

Inhaltsverzeichnis

Der Auftrag des Königs 7
Ein Auftrag des Königs...12
Linksrheinische Ranküne..20
Deutschland, Frankreich, Großbritannien und
Europa: Die Weltlage im 18. Jahrhundert --
aus der Sicht eines Zeitgenossen....................................21
Westwärts über raue Wege..23
Bei den Hohen Herren 30
Übung einer Schlacht...39
Vortag einer Schlacht 40
Ein Intermezzo 43
Eine Stadt an der Weser 48
Menschen, Tiere und Material im 18. Jahrhundert 52
Land und Leute vor der Schlacht.................................110
Kriegsziele und Kriegsgründe......................................117
Das Vorfeld der Schlacht..119
Kleinere Schlachten und Gefechte...............................130
Rule Britannia 139
Vive la France 141
Ein Erkundungsritt...143
Menschen und Mächte – Haupt- und Nebenpersonen
einer Schlacht...146
Im Vorfeld einer Schlacht 160
Die Tiere im Krieg 165
Die Armeen 167
Allerlei Soldaten 169
Allerlei Kanonen..171
Gehorchen und Order parieren.....................................173
Mittwoch, der 1. August 1759.....................................175

Christian Andreas Cothenius 209
Nun geht die Schlacht los 211
Das Land ringsum...216
Dem Höhepunkt entgegen 217
Noch ein Intermezzo...219
Weiter in die noch laufende Schlacht..........................221
Abgesang einer Schlacht...225
Schlachtfeld-Hyänen?...227
Der französische Rückzug 229
Das Ende in Minden 235
Anhang..240

Der Auftrag des Königs

„Er kommt uns besuchen!"
Diesen Satz der vier Worte sagte meine ständige Lebensbegleiterin mit solcher Betonung dahin, dass ich aufhorchen musste. Das tat ich auch sonst, denn in ihrer Eigenschaft als Offiziers-Witwe mit weiterer Hoffnung, zum zweiten Mal einen Offizier zu heiraten, kam sie mit wenigen Worten aus und schwafelte, schwätzte und plapperte sie nie. Und wenn mit „er" der König gemeint war, dann hieß es „Order zu parieren" und nicht nörgeln – „Wann, verdammt nochmal, bekam ein Potsdamer Bürger Besuch von seinem König!"
So antwortete ich erst einmal:
„Sieh zu, dass du deinen berühmten und begehrten Potsdamer Bienenstich rechtzeitig parat hast, da kann er sich dumm und dusselig dran futtern!"

* * * * * *

Ich und wer ich bin muss nun geklärt werden. Wir befinden uns im Kriegsjahr 1759, und zwar ein paar Tage erst, und der Krieg, der 7 Jahre lang sein würde, stand für Preußen nicht gut – wenn auch mancherlei Leute Europas sich wunderten, dass Preußen soviel Schlachten gewinnen und verlieren würde.
„Mein lieber Herr von Rohdich", hatte der König mir gesagt, „Uns, das heißt mir, fehlt ein Mann, der jetzt, wo die vermaledeiten Franzosen uns im Westen mit Krieg überziehen und dort rauben und plündern, die Verbindung mit unserem Oberkommandierenden, dem Herzog von Braun-

schweig und mir, herstellen und wenigstens dann der Wahrheit gemäß berichten kann."
Des Königs Lobhudeleien auf mich möchte ich hier nicht erwähnen.
„Kann Er Englisch?", knurrte er und verfiel dabei immer wieder in die indirekte Anrede. Ich log ein wenig und sagte nicht, dass „meine" Frau, (die sie noch nicht war!), sich Mühe gab, es mir beizubringen. Sie hatte argumentiert, dass ich gewiss, nachdem der Krieg mit Hilfe des König Georg von Großbritannien gewonnen sei, an den britischen Hof geladen würde. (Davon wurde, vorab gesagt, nichts.) Ja, wenn ich wie später bereits General der Infanterie wäre – doch ein Hauptmann oder Kapitän galt nicht viel in den Armeen!

„Willst du den König auf unsere Hochzeit ansprechen?", fragte sie unvermittelt.
„Auf keinen Fall", antwortete ich, „dann bin ich perdu und kann sogleich die Uniform ausziehen."
„Auch kein schlechter Gedanke", sagte sie versonnen und wäre wohl nicht böse gewesen, wenn ich die Uniform an den bekannten Nagel gehangen hätte.
„Ich werde ihn fragen, ob er seine Gedanken für ein Hinterlader-Gewehr und für die Abschaffung der Lineartaktik schon abgeschlossen habe."
„Erkläre mir das bitte."
„Sofort. Erstens der Hinterlader: Er kann in jeder Körperhaltung geladen und er muss nicht ausgeputzt werden. Ein Ladestock entfällt. Der Soldat kann fertige Patronen in großen Mengen mit sich führen und schiebt sie beim auf-

geklappten Gewehr hinten in den Lauf, klappt das Gewehr zusammen und ist schussbereit, so kann er..."
„...sitzend, liegend und stehend schießen", ergänzte sie, „und viel schneller nachladen."
Sie hatte meinen körperlichen Erklärungen nachgemacht und war dabei ins Gras gestürzt.
„Du bist fantastisch", sagte ich anerkennend und half ihr hoch, „und im Ernstfall könntest du liegen bleiben, denn du hast hiermit die Lineartaktik praktisch eingenommen..."
„Also liegend zu schießen?"
„Nicht ganz, meine Dame."

Da brachte unsere Küchenmamsell den Probe-Bienenstich und wir machten uns über ihn her.
„Stell dir vor", sagte ich kauend und schluckend, „die Verwunderung der Österreicher und anderer Staatsfeinde vor, wenn unsere Reihen vor ihnen zu Boden sinken und von deren erster Salve nicht getroffen werden! Stattdessen krachen unsere Salven im Minutentakt in ihre noch ladenden Reihen hinein, ohne dass unsere Grenadiere sich erheben müssen. Im Gegenteil, sie kriechen und robben sich wie die Robben vor, vielleicht zwanzig Schritte weit, und feuern, dass die Schwarte kracht."
Weil niemand außer unserer Mamsell, die neue Portionen Kuchen brachte, zusehen konnte, exerzierte ich in offizieller Uniform eines Majors der Garde das Ganze vor und schoss, theoretisch nur, einen Österreicher nach dem anderen ab.
„Deren arme Mütter", sagte meine Frau *„in spe"*, „wie werden sie weinen!"

Dann tat sie ernst: „Du wirst doch dem König nicht derart die Szene vorführen, oder?“
„Natürlich nicht, aber wenn er interessiert ist, werde ich ihm das so auf dem Manöverfeld präsentieren. Ich habe schon viele Grenadiere, Unteroffiziere, Kapitäns = Hauptmanns und Offiziere auf diese lockere Linientaktik aufmerksam gemacht und ihnen Zeichnungen vorgelegt.“
„Und?“
„Die Offiziere fürchteten für die Akkuratesse ihrer Uniformen und formulierten ihren Widerstand so: ‚Ein Offizier kann sich nicht vor seinen Gemeinen am Boden wälzen‘“.
„Na also, das hast du‘s!“

* * * * * *

Pünktlich wie die Sanssouci-Maurer war Friedrich II. am nächsten Tag zur Stelle. Er kaute schneller als sonst am Kuchen, aß auch weniger gemütlich und war so zappelig, dass er den kostbaren Kaffee mehr als üblich verschüttete und weniger als sonst rülpste. Leichte, sich chronisch anhörende Püpchen glaubte die Gastgeberin zu erschnüffeln.
„Ich glaube,“ sagte ich später, „des Königs rüpelhaftes Benehmen stammt daher, weil er kein richtiges Eheleben führt.“
Dem stimmte der König mir später zu.
„Mich hat nie jemand zurechtgewiesen“, meinte er, „keine Ehefrau, keine Kinder, selbst ein mutiger Haushofmeister nicht und kein Koch. Und“, fügte er hinzu, „eine tüchtige Hausfrau nicht.“
Dabei beäugte er seine momentane Gastgeberin wie ein hungriger brandenburger Wolf seine Beute.

Als der Kuchen aufgetischt, ein dunkelbraunes Getränk in die Tassen gegossen und mit Sahne und Zucker ergänzt wurde, da schnüffelte er gar wie dieser Wolf und auf seiner Stirn bildeten sich jene gefürchteten Falten, mit denen er seinen Groll kundtat. Er stierte in die Tasse, als wollte er dort die nahe Zukunft ablesen und dann unverhohlen grollend seine Gastgeberin an.

„Sie hat mir doch nicht“, sagte er, (man merke auf, dass er nicht „Sie haben mir doch nicht“, sagte), den verbotenen Kaffee eingeschenkt?“

„Majestät“, antwortete sie, „das würde ich erstens nicht wagen und zweitens ist das kein Bohnenkaffee!“

Sie setzte sich und der König und ich folgten ihrem Beispiel, hoben die Tassen, probierten die ersten Schlucke, schlürften und schmatzten begeistert und setzten sie wieder ab. Während wir dem Kuchen zusetzten, erklärte die Hausherrin:

„Das ist nicht der von Ihnen verbotene Bohnenkaffee, sondern ein von mir erfundener Ersatzkaffee. Er besteht aus Roggen und wird von mir und hoffentlich bald im ganzen Königreich ‚Muckefuck‘ genannt – zum Wohl und schlürfschlürf!“

(Ich muss mich immer wieder wundern, wie sie ihren König nimmt und er sie hinnimmt – ja, sie wäre die „richtige“ Königin an seiner Seite!)

In den folgenden zwei Stunden erklärte der König sein Herkommen. Weil das ein amtliches Gespräch wurde und ich darüber keine Aufzeichnungen gemacht habe, übergebe ich das „weitere Verfahren“ des Buches demjenigen Nachfahren, der sich um „mein Leben“ kümmern wird. Ich hoffe, dass ich zum Ende meines Lebens noch einmal zu Wort kommen werde…

Ein Auftrag des Königs

Als Friedrich II. Friedrich Wilhelm von Rohdich und dessen spätere Frau verließ, hatte er einen Auftrag vergeben, der es in sich hatte: nämlich eine amtliche Reise mit unbestimmter Dauer zum westlichen Kriegsschauplatz, der von Frankreich, Großbritannien und dem Reich betrieben wurde. Es war ein Nebenschauplatz mit unbekannter Bedeutung, sicher war jedoch, wenn Preußens Feinde hier siegten, sie vom Westen her Preußen bedrohen würden. Bevor das näher erklärt wird, muss der heutigen Leserschaft dieses Buches die allgemeine Kriegslage dargelegt werden. Damit stellt sich der Autor dieses Werkes denjenigen Lesern vor, die ihn noch nicht kennen: Er ist ein „ganz weit" entfernter Verwandter des Kapitäns von Rohdich gleichen Namens, der als General der Infanterie unter Friedrich Wilhelm II. gestorben ist und dessen Grab auf dem Berliner Invaliden-Friedhof bis heute gepflegt und seine hinterlassene Stiftung „für arme Soldatenkinder" noch immer amtlich verwaltet wird.

Hier ist es notwendig zu erklären, warum Friedrich II. seinen Hauptmann besucht und mit einer Aufgabe betraut hat. Der später so genannte Siebenjährige Krieg hatte noch nicht seine Halbzeit erreicht und der preußische König stand justemalen vor seiner schweren Niederlage von Kunersdorf – er hatte abwechselnd gesiegt und gewonnen! Und einen Verbündeten gewonnen: Großbritannien! König Georg II. befand sich mit Frankreichs Ludwig dem Fünfzehnten im Krieg um die Vormachtstellung in Amerika. Wenn es nicht gelang, ihn in Kanada und Indien zu schlagen, war Großbritannien schwerst bedroht und Preußen verloren.

Nun waren Georg und Friedrich übereingekommen: Georg schickte 10.000 Soldaten aufs europäische Festland und schlug vor, sie unter das Kommando des Herzogs Ferdinand von Braunschweig zu stellen, der Preußens „Sache im Westen“ bisher gut betrieben hatte, aber militärisch zu schwach war, um offensiv gegen Frankreich und seine Verbündeten vorzugehen – so wurden Preußen und Großbritannien „Alliierte“!

(Großbritannien war stets und traditionell der Gegner der stärksten Partei auf dem europäischen Festland – was sich im Verlauf der folgenden Hunderte von Jahren jedermann zeigen sollte.) Sein schon damals bekanntes Lied, deren Melodie ein Schlager war, bezog sich zwar nur auf die See, das Meer und seine Wellen – was für einen Inselstaat verständlich ist – aber gemeint war „die Welt“, das Reich, das Imperium; wie das längst vergangene „Imperium Romanum“. Das Königtum Preußen tat gut daran, sich mit Großbritannien auf Frieden und Zusammenarbeit einzustellen. (Wir stellen das Lied *Rule Britannia“...* in diesem Buch in Noten und im englischen und deutschen Text vor.)

* * * * * *

Nachdem der König gegangen bzw. fortgefahren war, hockte das Paar beieinander, der Hauptmann hielt ein

Papier in den Händen und las es mit belegter Stimme vor. Ihm kam der Gedanke, den „ganzen Kram des Krieges“ hinzuknallen, mit preußischen Stiefeln zu zertreten und seine Fetzen im Küchenherd zu verbrennen. Das hieße, Abschied von Preußen zu nehmen, gar flüchtig und woanders neu anzufangen, wo man einen König, Kaiser, Marschall, Baron oder Grafen nicht um eine Heiratserlaubnis bitten musste. Er erinnerte sich daran, dass ein preußischer verdienter hoher Soldat auf sein Heiratsgesuch den Brief mit einer echt preußischen/königlichen Randbemerkung zurück erhielt, wie sie zynischer kaum sein konnte. Es muss bemerkt werden, dass fast kein Bitt- oder Antragsteller von den königlichen Randbemerkungen etwas erfuhr, denn die Schreiber hatten strengen Befehl, des Königs harte Bemerkungen höflich abzuschwächen. So bekam ein Beamter, der wegen seiner Schwerhörigkeit um eine Kur in Karlsbad einkam, die schroffe Antwort: *„Das Carelsbad hat nix vor die Ohren, er mag hüpsch hier bleiben!“*

Bevor von Rohdich seinen Bescheid vorlas, erinnerte er sich eines Bescheids, den ein Oberst der Kavallerie vor einiger Zeit erhielt, der um eine Heiratserlaubnis mit einer reichen Baroness bat, *„sie enthebt mich für die Zukunft jeglicher finanzieller Sorgen“* und die unverschämte Antwort erhielt: *„Offizirs von die Cavalleri mühsen nit heiraten – setzt nur Geschleppe im Krige.“* Der König wollte mit der Ablehnung unterbinden, dass seine Offiziere ihre Familie zum Standort mitbrachten. Ein noch junger Oberstleutnant, der den König nach einer gewonnenen Schlacht darauf ansprach, wurde mit folgendem Satz abgekanzelt: *„Ich gebe meine Offiziers genug Urlaub, daß Sie Meine*

Armee mit Nachwuchs versehen können.“ So ging dann mancher ins Ausland ab…

Hauptmann von Rohdich hatte wegen des Königs schwer lesbarer Schrift das Schreiben erst einmal studiert, ehe er es seiner Caroline vorlas. Er entdeckte dabei seine Beförderung. Hier ist der leicht geglättete Text, vom Empfänger „höchstselbst“ vorgetragen:
„Mein lieber Oberst v. Rohdich, Sie haben sich unverzüglich auf den westlichen Kriegsschauplatz in Nähe der Festung Minden zum Herzog Ferdinand von Braunschweig zu begeben, bei dem Sie bereits avisiert sind. Ich brauche einen zuverlässigen Mann im Umkreis des Herzogs, auf den ich mich verlassen kann. Der Herzog ist auf dringlichen Wunsch Georgs II. zum Führer der alliierten Armee befördert worden und ich muss wissen, ob er dieses Gesocks aus Preußen, Deutschen, Briten, Schotten, Lippern, Detmoldern, Hessen, Kassellern, Westfalen und Paderbornern anständig zu führen versteht.
Ich weiß, dass die gegnerischen Truppen ein größeres Pack sind als die unsrigen, kann es mir aber im Anblick der hiesigen Lage nicht erlauben, auch nur ein Regiment nach Westen abzugeben. Sie sollen kein Spion sein, aber ein kritischer Beobachter. Sie haben mir täglich zu berichten, was an Ort und Stelle geschieht. Alles erforderliche auch für Hin- und Rückreise und die tägliche Post nach hier, dafür ist gesorgt. Sollte eine Schlacht stattfinden, die für uns hier bedrohlich wird, der Herzog ist angewiesen, Ihnen keine Wesersteine in den Weg zu legen, auch wenn er nicht mit Ihnen zufrieden sein sollte. Sie selbst dürfen entscheiden, wie lange Sie dort bleiben wollen; sollte eine

entscheidende Schlacht nicht in Aussicht stehen, kommen Sie nach Voranmeldung zurück. Nehmen Sie kein Blatt vor den Mund, denn der oberste Kriegsherr bin und bleibe ich. Werden Sie und ihre Begleitung unterwegs von einer Übermacht überfallen, so lassen Sie
sich und Ihre Männer gefangen nehmen.

Besonders interessiert bin ich an der Kampf- und Kriegsweise der Engländer. Haben sie neue Waffen, gehorchen sie wie unsere Grenadiere, werden sie gut versorgt oder nörgeln sie herum? Lernen Sie in den paar Tagen bis zur Abreise ihr Lied ‚Rule Britannia', damit Sie mitsingen können – das macht einen guten Eindruck. Stören Sie sich nicht daran, dass ich hier wie der geborene Lehrer auftrete und seien Sie und Frau Caroline von Oesfeld gegrüßt von einem Mann, der jeden Tag älter wird und jahrelang seine Flöte nicht geblasen hat – bis wir uns zum nächsten Bienenstichessen wieder sehen und hören werden – Ihr affektionierter Friedrich, König von Preußen und so weiter..."

In vier Augen bildeten sich Tränen, welche an roten Backen und Bäckchen hernieder liefen.

„Er ist doch ein Deubelmordskerl!", sagte Caroline, „man darf ihn nicht im Stich lassen."

„Wir sind halt echte Preußen", fügte der Oberst hinzu.

* * * * * *

Erst beim Abschied fiel Caroline ein, was sie den Major immer schon fragen wollte. 1.) „Warum eigentlich sind die drei Kriege um die Provinz Schlesien ausgebrochen?" 2.) „Und warum jetzt eine Schlacht um das Kaff Minden, das hier niemand kennt, wen ich auch fragen mag?"

Die Antwort: „Ich werde dir einen Bericht schicken, wenn ich Zeit habe zu schreiben. Kann ja sein, dass sich wochenlang nichts tut und uns der Herzog tagelang nicht beansprucht. Vielleicht kann ich auch von Berenhorst mit der Aufgabe betrauen, er möchte ja sowieso alles zu Papier bringen. Es ist nicht zu erwarten, dass, nach Sieg oder Niederlage bei dem Kaff, wie Du Minden zu nennen pflegst, der Krieg beendet sein wird – das wird es wohl nur nach einer von Preußen gewonnenen Schlacht bei Wien geben..."

Aus redaktionellen Gründen scheint es angebracht, die beiden Fragen hier schon zu begründen, damit Caroline den Bericht, den der Major „nachher" dienstlich verfasste, schon jetzt zu veröffentlichen – so brauchte Caroline nicht immerzu „ihren Hausfrauen" Rezepte für „Kartoffeln mit..." und „Muckefuck mit Bienenstich" zu formulieren, („denn Lesen und Schreiben" konnte hier noch keine Hausfrau oder Bäuerin!) Caroline las also das handschriftlich verfasste „Manu" des Herrn von Berenhorst – hier ist es redigiert nach heutigem Stil:

„Nach langem Leiden gefiel es Gott, unserem Herrn...", (so fangen auch heute noch Todesanzeigen an). Diese betraf Kaiser Karl VI. aus dem Haus Österreich, der nun beruhigt hinübergehen konnte, denn die meisten deutschen Fürsten hatten sich bereit erklärt, seine Tochter Maria Theresia als Kaiserin des „Heiligen Römischen Reichs deutscher Nation" anzuerkennen. Die so genannte Pragmatische Sanktion sollte dies absichern – denn Karl VI. kannte seine Pappenheimer: Diese deutschen Fürsten über sie herfallen und alle in früheren Zeiten erzielten Erfolge in Frage stellen: Bayern, Sachsen und Frankreich mobilisierten bereits, Preußen, unter dem jungen König Friedrich II. liebäugelte ebenfalls auf Beute, doch anders, weniger offen. Es gab, schon von seinen Vorgängern her, noch etwas abzurechnen, wenn die Gelegenheit günstig wäre – also jetzt!

Als Vorwand kramte Friedrich den Vertrag von Schwiebus von 1537 aus dem Archiv, der folgendes vorsah: Nach dem Aussterben der Piasten sollte Preußens Anspruch auf die Fürstentümer auf Brieg, Liegnitz und Wohlau in Schlesien an Brandenburg, nicht Preußen fallen. (Diese Formulierung war für Friedrich Schnickschnack.) In der Folge, sehr zum Ärger seines Großvaters König Friedrich I. und seines Vaters König Friedrich Wilhelm I. unterdrückte der Wiener Hof die dortigen Protestanten.
„Wenn Religion ins Spiel kommt“, wussten diese, „sit de Verstand inne Mäse.“
Sie hatten recht. Friedrich II. witterte, dass beim Tod des Kaisers die Gelegenheit günstig wie nie sei, indem er die Konstellation der Macht in Europa beurteilte: In Russland lief alles seit dem Tod der Zarin Anna alles durcheinander, im bereits laufenden Krieg von Großbritannien und Frankreich ging es weltweit um mehr als lächerliche Provinzen auf dem Festland.

„Also auf nach Schlesien!“ Doch gemach: Wofür gab es seit Jahrtausenden Diplomatie und Politik! Um böse Absichten zu verschleiern und zu tarnen: „Wenn Ihr in Wien“, ließ er wissen, „jetzt Schlesien hergebt, „dann erkennen wir die Pragmatische Sanktion an, werden Franz Stephan, den

Gemahl der Kaiserin, bei der Kaiserwahl unterstützen und unsere Truppen in den Dienst Österreichs stellen."

Doch jetzt beging der König – wohl übermütig – den Fehler seines Lebens: Er wartete eine Antwort nicht ab und ließ seine Regimenter marschieren. Dadurch entstanden folgende Schlachten bis Minden:
Mollwitz am 10. 4. 1741, ein knapper Sieg Preußens,
Chotusitz am 17. 5. 1742, ein Sieg Preußens,
Prag am 16. 9. 1744, ein Sieg Preußens,
Hohenfriedeberg am 4. 6. 1745, ein Sieg Preußens,
Soor am 30.9.1745, ein Sieg Preußens,
Kesselsdorf am 15.12. 1745, ein Sieg Preußens,
Lobositz am 1. 10. 1756, ein Sieg Preußens,
Prag am 6. 5. 1757 – abgebrochen,
Kolin am 18. 6. 1757, Niederlage Preußens,
Roßbach am 5.11. 1757, Sieg Preußens,
Leuthen am 5. 12. 1757, Sieg Preußens,
Zorndorf am 25. 8. 1758, Sieg Preußens,
Hochkirch am 14. 10. 1758, Niederlage Preußens,
Kay am 23. 7. 1759, Sieg Preußens,
Minden – sollte am 1. 8. 1759 folgen.

„Warum jetzt", hatte Caroline zu wissen verlangt, „eine Schlacht um das Kaff Minden?"
Die Antwort: „Weil Frankreich und die Reichstruppen Preußen vom Westen her in die Zange nehmen wollen."
Gelang dieses, „war Preußen und mit ihm der König verratzt!"
Mit dieser nicht ganz standesgemäßen Bemerkung kehren wir zum 20. Juli 1759 nach Potsdam zurück!

Linksrheinische Rankühne

Frankreich war in der hier behandelten Zeit das arroganteste und großmäuligste Land Europas – freilich gilt diese Aussage nur für die Elite und die Gebildeten des Landes – ein Großteil von ihnen wird mit Hilfe einer neuartigen Maschine demnächst den Kopf verlieren. Das nannte man dann Revolution. Warum ist sie im benachbarten Deutschland nicht gekommen? Nun, salopp gesagt: Weil die deutschen Großkopferten, wie man alle vom Kaiser bis zum Grafen nennt, nicht so barbarisch mit ihren Untertanen umgegangen sind wie die Herren westlich des Rheins. Das wurde mit dem Räuber Ludwig XIV. angefangen, der vom Reich Elsaß und Lothringen klaute und auch sonst ein Hallodri war, und von seinem Nachfolger, dem XV., fortgesetzt.

Das Schloss Versailles war tatsächlich ein Schmuckstück barocker Baukunst, aber es stank in vielen Räumen wie heutzutage die öffentlichen Bahnhofklos. Hier lebten und arbeiteten jene schönen und künstlich aufgeschönten Damen, die man Rokokokokotten nannte – wenn man dieses Schloss mit dem Schloss am Weinberg verglich, das sich Friedrich II. hatte bauen lassen, so war das nicht viel mehr als ein Eigenheim.

Der Bauherr freilich, der zu unserer Zeit, die wir jetzt behandeln, kaum dort wohnte und allzu oft auf Schlachtfeldern weilte, hatte sich mit Halbeuropa in Streit gebracht, weil er auch einmal Ruhm ernten und Land kassieren wollte. Aber er hatte ein Herz für kleinere Leute, was wir ja schon kennengelernt haben.

Deutschland, Frankreich, Großbritannien und Europa – die Weltlage im 18. Jahrhundert – aus der Sicht eines Zeitgenossen

Die deutschsprachigen Staaten Europas hielten nicht etwa zusammen, sondern führten Krieg miteinander. Den hatte der König von Preußen namens Friedrich II. 1741 mit seinem Griff ins österreichische Schlesien entfesselt, und aus einem Krieg entstand nun 1756 der dritte. Preußen befand sich nicht in der Lage eines Siegers, war sogar in arger Bedrängnis, aber es wehrte sich mit Haut und Haaren und wollte Weltmacht werden. Schon einmal hatte Brandenburg-Preußen nach Übersee gegriffen: Als des jetzigen Königs Urgroßvater, der „Große Kurfürst“ von Brandenburg eine Flotte bauen ließ und nach Afrika griff – das war eine Nummer zu groß für einen deutschen Markgrafen!

Wir kehren in die Mitte des Siebenjährigen Krieges zurück, der sich nun zu einem „Ersten Weltkrieg“ ausweitet, (wie Winston Churchill ihn nannte). In diesem dritte Schlesischen Krieg hatte sich Frankreich auf die Seite Österreichs, Russlands, Schwedens und des Reichs geschlagen und seit 1757 war Frankreich dabei, sich Hannover einzuverleiben. Wenn es diese „englische“ Stadt in der Hand hatte, besaß es ein wichtiges Faustpfand gegen England bei kommenden Friedensverhandlungen. Die Kampfhandlungen führten nun zum französischen Sieg bei Hastenbeck, wo Frankreich seinen beiden Kontrahenten die Konvention von Zeven auferlegen wollte. Großbritannien und Preußen weigerten sich, arbeiteten militärisch zusammen und unter Ferdinands Führung wurden die Franzosen 1758 über den

Rhein zurückgedrängt und in einer Schlacht bei Krefeld geschlagen.

Wo landeten die Briten Menschen und Material an? Im Hafen von Emden, das mit Ostfriesland zu Preußen gehörte. Im Winter von 1758 auf 1759 kam die Einigung Georg II. und Friedrich II. zustande, Ferdinand zum Oberbefehlshaber zu ernennen und mit frischen Truppen zu versorgen. Das geschah. Frankreich verstärkte seine Truppen ebenfalls, denn es war an einer Beendigung des Krieges in Europa interessiert, um in Übersee, nämlich in Kanada, die Briten entscheidend schlagen zu können.

* * * * * *

Man schlug sich damals im Winter „eigentlich“ nicht, erst Friedrich hatte diese Sitte durchbrochen und den Ersten Schlesischen Krieg mitten im Winter eröffnet – offenbar im Glauben, der Wiener Hof halte Winterschlaf wie die Tiroler Murmeltiere. Herzog Ferdinand beschloss, sein Winterquartier aufzugeben. Im April schlugen sich die Franzosen in der Schlacht von Bergen unter dem Herzog de Broglie so ausgezeichnet, dass dieser zum Marschall von Frankreich avancierte. Contades führte die Kampfhandlungen weiter und gemeinsam nahmen die weitere deutsche Städte in Besitz, darunter die Festung Minden – das geschah am 10. Juli 1759 und brachte dem Braunschweiger bei seinem König keine Meriten ein – sollte er, der König, sich in ihm geirrt haben? Doch Ferdinand ließ ihn wissen, dass er sich mit seinen frisch aufgestellten Truppen den Franzosen stellen werde.

Nun mussten die Franzosen in Verteidigung gehen und sie gingen entlang der Weser in Stellungen. Ferdinand formulierte indessen seinen neuen Plan, der die Aufteilung seiner Kräfte in mehrere Teile vorsah, um die Versorgungslinien der Franzosen unter ständiger Bedrohung zu halten. In einem irrte der französische Marschall sich: Dass Ferdinands Mannschaften am Ende ihrer Kräfte seien – und so beschloss er am 31. Juli, zum 1. August in der Ebene vor Minden vorzugehen. (Diese Vorbereitungen wurden von unseren beiden erwähnten Freunden beobachtet und richtig gedeutet.)

Aber was man auch geplant haben mochte: Zuerst mussten den Franzosen die beiden Lektionen „verpasst“ werden, welche Oberst Friedrich Wilhelm von Rohdich aus Potsdam ausgetüftelt hatte.

Westwärts über raue Wege…

Ein paar Tage früher, man schrieb den 20. Juli 1759, rollten zwei von einer Anzahl Berittener zweispännige Kutschen zum Erstaunen der Nachbarn vors Haus, luden Klamotten und zwei Offiziere ein und fuhren in einer Staubwolke davon. Zwei Offiziere? Ja, der Begleiter des Obersten heißt Georg Heinrich von Berenhorst, ist Jahrgang 1733, „der natürliche Sohn“ des Fürsten Leopold von Anhalt-Dessau und wird deshalb von seinesgleichen „der Bastard“ genannt – eine Diskriminierung, die nicht jeder junge Mann verkraftet. Vielleicht strengen sich diese darum besonders an, positiv aufzufallen.

Jedenfalls hatte Oberst von Rohdich einen solchen Eindruck, als sie nach beschwerlicher Fahrt bei Sommerhitze in Magdeburg Station zur Übernachtung machten. Unter-

wegs versuchten ein paar derbe bewaffnete Strolche unsere Kutsche aufzuhalten und vermutlich auszurauben, aber der Hauptmann gab Feuererlaubnis und die blieben tot oder halbtot im Wegesgraben liegen. Die Landleute benahmen sich vortrefflich, zogen ihre Hüte, nahmen die Kappen ab, verbeugten sich und die Frauen demonstrierten ihre ihre Knickse – kein Wunder, denn es war eine original-königliche Kutsche, die da an ihnen heran- und vorbeipolterte.
„Es ist Krieg", sagte von Berenhorst, „und ich weigere mich, schuld daran zu sein."
Damit wollte er dem Oberst wohl andeuten, wes Geistes Kind er war. Aber er stand ab 1757 voll und ganz im Dienst Preußens, nämlich als Adjutant beim Prinzen Heinrich und war von diesem „voll Freude" für die jetzige Reise freigestellt worden.
„Das ist", sagte er schelmisch, „eine Erholung für beide."

In der Festung Magdeburg an der Elbe hatte der Kommandant seinen militärischen Gästen weisungsgemäß ein passables Zimmer mit drei Betten hergerichtet und nahm auch am Nachtessen teil. Solche Posten sind nicht sehr begehrt, denn das Fort gleicht mehr einem Gefängnis als einem Sprungbrett zur Karriere. Überall stellte der Oberst fest, dass er sehr bekannt war: Wegen seiner modernen Haltung zu den Schusswaffen. Jetzt kam auch noch ein anderer des Kleinadels daher und redete von sozialen Belangen in der Armee! Ja, der neue Freund des Obersten machte sich stark, dass der Beruf des Soldaten in seiner Eigenschaft als Landesverteidiger zu einer allgemeinen Wehrpflicht aufgewertet, die drakonischen Strafen Strafen abgeschafft und Be-

soldung und Sonderurlaub gewährt werden müssten – besonders für die Söhne aus der Landwirtschaft.
„Ihre Ansichten“, sagte der Kommandant, „finde ich in Hinsicht auf ein neues Gewehr ausgezeichnet.“
Er erhob sich, verließ den Raum und kam mit seinem „Jagdgewehr“ zurück.
„Manches Stück Wild“, erklärte er, „starke Sauen und mächtige Hirsche dabei, hätte ich nie geschossen, wenn ich das Gewehr wie üblich von vorne hätte laden müssen.“
Es war ein Hinterlader, der nicht zum Einschub der Patrone „geknickt“ werden musste, sondern wo das metallene Geschoss mitsamt Pulverladung seitlich eingeschoben wurde – das ging Ruckzuck und dauerte keine Minute, wenn man die Patrone am Gürtel, in der Tasche oder am Hosenträger trug.
„Nur“, fügte er hinzu, „Herr Oberst, mit Ihren Vorschlag, dass auch die Herren Offiziere bei einer Schlacht sich ‚hinzulegen‘, also in Deckung zu gehen hätten, kommen Sie nicht durch.“

Der Oberst wechselte das Thema.
„Prinzenadjutant Herr von Berenhorst“, sagte er, „hat noch einen anderen ‚bahnbrechenden‘ Vorschlag parat.“
Er nickte von Behrenhorst aufmunternd zu.
„Ja“, nickte dieser zurück, „es muss eine Möglichkeit gefunden werden, ganze Truppenteile, ja Armeen schnell von einem Ort zum anderen zu verschieben, ohne dass die armen Musketiere, Grenadiere. Kanoniere und Pioniere marschieren müssen.“
Hier gähnte einer, die anderen folgten:

„Auch Soldaten müssen am nächsten Tag ausgeschlafen sein...“

* * * * * *

Am nächsten Tag, der echtes Ernte-, kein Kriegswetter zu bringen gedachte. Es sollte bis Hannover gehen. Man schrieb den 26. Juli. Ein Dorfbürgermeister hielt die Kutsche gegen Mittag auf und kam zum Fenster des Obersten.
„Sie sind nicht der König“, klagte er, „warum kommt der nicht, wenn Franzosen und Katholsken vor der Tür stehen?“
„Er muss in Berlin auf die Russen achten“, sagte der Oberst, „dass sie nicht bis hier kommen.“
„Dann ist‘s gut, Herr Marschall“, sagte der Mann und überreichte einen Ess- und Trinkkorb, „gute Reise dann.“ Er schaute den Oberst an, als ob er etwas sagen wollte. Und er tat es auch:
„Herr Offizier“, murrte er, „warum bekommt man keine Antwort, wenn man beim König eine neue Idee hat und sie schriftlich einreicht?“
„Eine Idee haben Sie?“
„Ja, Herr Offizier, wie man eine ganze Brigade Reiter mit einer Salve in den Himmel oder die Hölle schicken kann.“
„Berichten Sie, ich werde es an den König weiterleiten, wenn es etwas taugt, was Sie sagen wollen.“

Von Berenhorst hatte mitgehört und sah nun zu, wie der Mann im Sand des Weges eine Skizze zeichnete. Sie stellte, fertig geworden, eine Infanterieaufstellung dar, und eine daneben laufende Linie in weitere Entfernung eine selbe des Feindes, tatsächlich sollte sie das sein. Der Mann redete nun so schnell und undeutlich, dass man seinen Erklärungen kaum folgen konnte. Doch die beiden Offiziere verstanden sofort und später hat von Berenhorst alles amtlich aufs Papier gebracht. Hier ist sein Text: Der Mann stellt sich vor, ein Regiment in Linientaktik erwartet den Angriff mehrerer Eskadrons (Schwadronen) und möchte diesen eine böse Überraschung bereiten. In üblicher Weise lassen aufgestellte Regimenter einen Angriff von Reitern bis auf 50 bis 30 Meter herankommen, ehe sie möglichst gleichzeitig feuern. Ehe sie neu geladen haben, sind die unverletzten Pferde mit ihren Reitern heran und dreschen auf die Infanteristen ein, dass die Schwarten krachen. Doch der brave und nicht dumme Mann hier schlägt nun vor, hinter der ersten Linie alle zehn Meter leichte Kanonen aufzustellen und sie mit Kartätschen zu laden. Wenn nun die feindliche Kavallerie in genannter Nähe herangekommen ist, sollen sich die Infanteristen zu Boden werfen, so dass die hinter ihnen aufgebauten und für den Feind kaum sichtbaren Kanonen schießen können.

Der Mann machte die verdiente Pause, tat naiv und bemerkte:

„Ich brauche Ihnen, meine Herren Offiziers, wohl nicht darzulegen, was Kartätschen aus Blei- und Metallstücken in eine Reiterei gefeuert, dort unter Mensch und Tier anrichten. Zudem sich nun die Infanteristen erheben und ihre Ladungen aus Entfernungen unter zehn Meter in das Gewühl feuern, unbeschossen ein zweites und drittes Mal feuern oder mit dem Bajonett aufzuräumen beginnen."

„Nein", antwortete von Berenhorst, „wir haben auch so verstanden, wir werden erst dem Herzog von Braun-

schweig und später dem König berichten und Sie belohnen lassen. Nehmen Sie vorerst dies hier."
Zwei Friedrich'dor's landeten vor seinen Füßen, Von Berenhorst und sein Kamerad von Rohdich schauten sich an und dachten dasselbe: „Sollen wir das Vorgetragene als eigene Idee ausgeben oder nicht?" Sie antworteten spontan mit „Ja" und wollten später dem König „beichten".

* * * * * *

Noch vorm Dunkelwerden war die Kavalkade in Hannover angekommen, das britisch zu werden begann. Obwohl die Reisenden ganz bequem saßen, juckten doch schon ihre Hintern und sie waren froh, wenn die Pferde gefüttert, getränkt und gelobt wurden. Das Verhalten der Bevölkerung wurde schon erwähnt. Es wurde immer besser, je näher sie ins Hannöversche kamen. Ganz richtig wurde es der Kaiserin verargt, dass sie die Russen ins Land geholt hatte. Da trat ein Einbeiniger an den Oberst heran und fragte:
„Kann es sein, dass ich Sie, Herr Oberst, in Zorndorf gesehen habe?"
Oh, wie klein ist doch die Welt!
„Hab ein Bein in der Schlacht gelassen", fuhr der Mann fort und klopfte auf sein Holzbein.
„Ja", antwortete der Oberst, „es war fürchterlich, wie die armen Russen sich abschlachten ließen."
„Erzählen Sie, bitte!"
Nun denn, er suchte seine Erinnerungen gedanklich zusammen und berichtete, während ihm ein Bratenstück nach dem anderen gereicht wurde, als er berichten wollte, ihm aber von Behrenhorst das Wort nahm:

„Diese Schlacht vor gut einem Jahr war, erstens, ein Kampf gegen einen Gegner, den wir bisher nicht kennengelernt haben, und zweitens ein Feind, über den die schaurigsten Gräuel umliefen, und drittens ein Gegner, den niemand im Reich vom Osten her herein kommen sah..."
„Zuerst", fiel der Oberst ein, „konnten sich unsere Kanoniere in seltener Ungestörtheit auslassen und eine Art von Preisschießen veranstalten. Unsere Vollkugeln rissen tiefe Gassen in die Aufstellung der Russen, die konsterniert gehorchten und dem Tod wahrlich in den Schlund sahen. Ich beobachtete, wie eine Kugel von zwölf Pfund wohl an die vierzig Mann niederriss und die Lücke sofort wieder von Nachrückenden gefüllt wurde..."

Ein Gewitter zog heran, so dass man weiterfahren musste. Am nächsten Tag war es ein Katzensprung, in englisch *Cat jump,* bis Minden, wo man sofort und ohne Umschweife, allerdings von einem bewaffneten Trupp begleitet, zum Hauptquartier vorfuhr. Bevor wie hier weiter erzählen, erscheint es angebracht, die Stadt Minden, lateinisch *Minda* genannt, die bald einer Schlacht den Namen geben sollte, näher vorzustellen.

* * * * * *

„Kriege haben auch etwas Gutes", hatte von Berenhorst am Vormittag geäußert und erklärt, „wer sonst würde all die Dörfer, Klein- und Großstädte und Kaffs kennen, an denen wir Menschen uns prügelten, verkloppen, hauen, stechen und sonstwie abmurksen – statt friedlich beieinander zu wohnen und uns des Lebens zu erfreuen: 333 = bei Issos

Keilerei, Leuthen, Hohenfriedeberg, Zorndorf, Cannae, Kunersdorf, Kolin, Breitenfeld, Lützen und morgen oder übermorgen Minden."

Bei den Hohen Herren

Lassen wir diese Vorstellung von „Georg Heinrich", der ein guter Schwadroneur war, berichten.

„Wir warfen uns, so gut es ging, in Schale und der Oberst hatte seinen Orden *Pour le mérite* um den Hals gebunden, den er für *Leuthen* bekommen hatte. Das Abendessen am 29. Juli war für den kleinstmöglichen Kreis vorgesehen: Der Feldmarschall, dessen Schwester das Unglück hat, mit dem König verheiratet zu sein, der persönliche Adjutant, der Bürgermeister, der Bischof, der Gemeindepfarrer und ein paar undefinierbare Persönlichkeiten, die sich nicht wohlzufühlen schienen. Ferdinand war ein ziemlicher Klotz von Kerl, war vornehmlich rot ausstaffiert und hatte die Unsitte seines Schwagers angenommen, beim Essen sich unsittlich zu benehmen. Es sollte hier erwähnt werden, dass er momentan in drei Diensten stand: in preußischen, kurhannoverschen und britischen.

Ferdinand wurde 1721 als vierter Sohn seines Vaters, des Fürsten Albrecht II. von Braunschweig-Wolfenbüttel-Bevern geboren, war 1740 bereits Oberst, machte 1741 den Einfall nach Schlesien mit und focht bei Mollwitz und Chotusitz in Begleitung seines Schwagers Friedrich mit. Nach dem Frieden behielt ihn Friedrich als guten Gesellschafter und beförderte ihn zum Generalmajor der Infanterie."

(Unter sich, unterbrach der Oberst gedanklich die Erzählung, gingen die Beförderungen wesentlich flotter vor sich als bei Nichtverwandten). Georg Heinrich fährt fort: Auch im Zweiten Schlesischen Krieg ging Ferdinand unter dem Befehl des Fürsten Leopold von Anhalt Dessau ins Feld, nach Böhmen . In der Schlacht bei Soor fiel sein Bruder Albrecht. Er genoss, ganz klar, die seltene Gunst des Königs, der ihn auf seinen mühseligen Inspektionsreisen mitnahm nach weiteren Beförderungen 1755 als Gouverneur zur Festung Magdeburg versetzte. Das war keine Abschiebung, denn der dritte Schlesische Krieg, der Siebenjährige, stand bevor und Frankreich wurde als Gegner auf Drängen sowohl der Kaiserin als auch der Zarin munterer. Ferdinand ahnte, dass seine Laufbahn noch nicht zu Ende ging.

So war‘s! Der Krieg brach 1756 los. Jetzt wurde Ferdinand ein echter Feldherr. Er erhielt als General der Infanterie der Alliierten das Kommando in Westdeutschland und trieb erst einmal den Franzosen Graf Clermont 1758 über den Rhein zurück und brachte ihm am 23. Juni in der Schlacht bei Krefeld eine Niederlage bei. Wurde aber am 13. April 1759 bei Bergen geschlagen. So weit Georgs Heinrichs Berichterstattung.

* * * * * *

Herzog Ferdinand unterhielt sich jetzt hauptsächlich mit Oberst Friedrich Wilhelm von Rohdich. Das war ganz natürlich, denn dieser war der offizielle Besucher.
„Ich hoffe“, sagte er zwischen Pfannkuchen und Hackbraten à la Elbe, „dass zu unserem Hiersein eine siegreiche Schlacht stattfindet, welche die Franzosen und Reichsvölker bis Münster und weiter nach Westen flüchten lässt.“

„Sie scheinen“, antwortete Ferdinand zwischen Hackbraten und Pfannkuchen, „zwei Liebhabereien zu haben.“

„Welche sind zu Ihnen in diese Festung gedrungen, Herr General?“

„Kartoffeln und Hinterlader.“

„Ich hoffte das sogar, General. Auf Kartoffeln macht allerdings meine Lebensgefährtin den König scharf...“

„Lebensgefährtin?“

„Ja, so nennt man in Berlin und Potsdam eine Frau, welche man gern heiraten will aber nicht darf.“

„Wo gibt‘ denn so was, Herr Oberst?“

„Beim König.“

Inzwischen lauschten alle Anwesenden mit spitzen Ohren, in welchem respektlosen Ton hier disputiert wurde.

„Erklären Sie das, Oberst!“

„Nun, ich weiß von Dutzenden Heiratsgesuchen verdienter Offiziere, welche der König abgelehnt hat.“

„Mit welcher Begründung?“

„Die Befürchtung, diese Herren ließen ihre Frauen ins Feld nachkommen.“

„Das könnte er doch verbietet, oder?“

„Klar, meine ich auch.“

Nun wurde „Himbeerpudding mit Makronen“ aufgetischt, ein Dessert, „in das sich der Herzog wälzen könnte“ - vielleicht tat er‘s später im stillen Kämmerlein.

„Und die Kartoffeln?“, fragte er.

„In der Mark bauen viele Bauern sie schon nach anfänglichen und dauernden Schwierigkeiten an und sind höchst zufrieden damit. Meine Frau in spe...“

„Was ist das schon wieder?“

„So nennt man im Römischen eine Frau, die ‚bald‘ oder in ‚naher Zukunft‘ geheiratet wird. Also meine Frau in diesem Zustand hat mir ein Säckchen Kartoffeln für Sie, General, als Präsent mitgegeben. Lassen Sie sich daraus Kartoffelbrei mit Bratensoße oder braunen Bratkartoffeln mit Roter Bete machen und sorgen Sie dafür, dass Sie hier für Ihre Landwirte im nächsten Frühjahr Pflanzkartoffeln haben, sie werden in die Erde gesteckt, vermehren sich dort wie die Wühlmäuse und sind ab Ende August erntereif.“

Ferdinand lehnte sich zurück, beäugte den Oberst, als wenn er sagen wollte, „er ist ein ganz patenter Kerl“, dann ließ er sich eine gefüllte und angezündete exotische Pfeife reichen, qualmte eine paar Kringel an die Raumdecke und ehe der fixierte seiner Verwunderung Ausdruck verleihen konnte, sagte er:

„Und Ihr Vorderladergewehr?“

Aha, er war über ihn informiert worden, wahrscheinlich vom König selbst.

„Ich habe gestern noch eines bewundert, ein Jäger zeigte es mir stolz und war ungemein begeistert.“

„Was, es gibt schon eins?“

„Ja, für die Jäger und königlichen Förster.“

Ferdinand rief einen Adjutanten heran und beauftragte ihn, einen Förster für morgen ausfindig zu machen. Jetzt kam, was von Rohdich befürchtet hatte:

„Sie meinen also, Herr Oberst, alle Offiziere sollten sich in Deckung begeben, wenn ihre Grenadiere es tun, um zu laden?“

„Da bin ich missverstanden worden“, log ich dreist, „es geht mir bei meiner Idee nur um die Infanteristen, die während des Ladevorgangs, der viel zu lange dauert, dem Feu-

er der Gegenseite ungeschützt ausgesetzt sind, während sie nun knieend oder liegend oder sitzend laden können, was kein Drittel der Zeit kostet und sogar in dieser Stellung schießen können. Der Feind wird näher herankommen müssen und gibt, von unten gesehen, ein famoses Ziel ab."
Von Rohdich erhob sich, nahm einer Wache das Gewehr ab und demonstrierte das Gesagte. Niemand lachte, ging es doch ums Töten von Menschen.
„Natürlich", sagte er dringlich, „wird jeder Gegner aufholen wollen, aber bedenken Sie, General, heute hätten Sie tausend neue Gewehre und Ihre Grenadiere ließen morgen den Feind näher als sonst herankommen und schössen dann das erste Glied kurz und klein – was meinen Sie, wie schnell diese retirieren würden."
„Es gibt", fügte er hinzu, „bereits zweiläufige Jagdgewehre und die Entwicklung geht zum Maschinengewehr, MG genannt, das, so wahr ich hier stehe, Dauerfeuer machen kann."
„Dieser Oberst von Rohdich", mochten einige denken, „ist ein richtiger Potsdamer Spinnkopp." Wie auch immer: Sie schwiegen, weil er ihren Nerv getroffen hatte.
„Der Tag 29. Juli geht zu Ende", sagte Ferdinand sich erhebend, „am 1. August müssen wir eine Schlacht schlagen und gewinnen, auch ohne neue Gewehre aber mit neuem Mut – Gute Nacht allerseits!"
„Herr Herzog", sagte von Berenhorst und stellte sich dreist in dessen Weg, „wir bitten gnädigst um eine Viertelstunde Gehör, weil wir Wichtiges für die Schlacht, nicht erst nach ihr, vorzutragen haben, und das nicht mitgehört werden sollte."

Des Herzogs Stirn wollte sich in Falten legen, aber er sah sie bittende Miene auch des Oberst und winkte ihnen, nachzukommen.
„Wenn Sie mir Unsinn vorquasseln“, drohte er, „schicke ich Sie zum König zurück. Dann werden Sie unter die Kanoniere gesteckt.“
„Um die geht es doch“, versuchte der Oberst sich zu entschuldigen.

In der Guten Stube eines Landwirtes setzte sich Ferdinand aufs Bett, zog seine Stiefel aus, legte die Orden ab und ließ sich von seinem Adjutanten eine von den Franzosen geklaute Zigarre anstecken, so dass den beiden Offizieren ein unbekannter Duft um die Nasen wehte.
„Tragen Sie vor, Oberst!“
„Danke, Herzog. Wir beide haben etwas ausgeheckt, das bei Gelingen bei den Franzosen in die Hosen fahren wird, so dass sich sich in dieselben machen werden...“
„Sie sind ein Zyniker, Herr von Rohdich.“
„Das wird jedermann, der sich in der Nähe des Königs von Preußen aufhält...“
„Das kommt daher, wenn man sich einen französischen Narren wie diesen Voltaire am Hof hält...“
„Mag sein, aber unsere neue Idee ist keine Narretei.“

Und dann legte Friedrich Wilhelm von Rohdich los, dass dem Herzog die Zigarre verlöschte und selbst der Adjutant das Neuanzünden vergaß. Der Herzog von Braunschweig vergaß ebenfalls etwas: Dass sich ein hoher preußischer General selten von Begeisterung hinreißen ließ.

„Haben wir ein Regiment hier", fragte von Rohdich, „mit dem wir morgen üben können?"
„Da nehmen wir ein britisches", antwortete der Herzog, „sie gehorchen noch besser als meines und sind scharf darauf, den Franzosen Löcher in die roten Hosen zu knallen."
Er pupte und wünschte seinen Besuchern „Gute Nacht!"

* * * * * *

Die beiden Besucher aus Potsdam und Berlin hatten ein Doppelzimmer zugewiesen bekommen, das der Zeit folgend nicht luxuriös aber im Krieg angemessen war. Ein Pinkelpott stand unter jedem Bett, eine Flasche Elbebier und was zum Knabbern auf jedem Nachttisch – Soldatenherz, was begehrst du mehr! Aus Dunkelheit und Ferne hörte man Detonationen, helle und harte Schüsse, da wurde wohl noch geübt.
„Friedrich Wilhelm", sagte Georg noch vom Bett her, „so wie du sprichst möchte ich später schreiben können, wenn Preußen den Krieg gewonnen hat… schnarch – schnarch!"
„Guter Mond, du gehst so stille über Minden, Hartum, Hille."

Aber ehe unsere beiden Freunde in tiefen Schlaf versanken, hielt Georg eine brennende Frage wach:
„Wie konnte es angehen, dass Minden in französische Hände geriet?"
„Erstens", antwortete sein Freund in seiner trockenen Art, „hat man die Franzosen in der Führung von Schlachten und Scharmützeln wohl unterschätzt. Frankreich hat gute Feldherren und ist in Kriegen stets darauf bedacht, dass seine

Soldaten gut zu Essen haben. Das zutreffende Sprichwort ‚Ein besetztes Land hat eine fremde Armee zu versorgen', stammt nicht von Friedrich, sondern ist römer- oder griechenalt und wurde von Frankreich für diesen Koalitionskrieg aufgefrischt. Seine Soldaten sind Meister im Plündern und unter Beschlagnehmen und wehe den Städten, Dörfern und Höfen, die nichts friedlich herausrücken. So ist auch Minden in einer Art und Weise ausgeplündert worden, die an den Dreißigjährigen Krieg erinnert. Friedrich sagte mir einmal, die Hälfte jeder Tapferkeit des Soldaten entstammt dem Magen."
„Und die andere Hälfte?"
„Seinem Kopf. Nun weiter: Ferdinand nutzte eine Ruhepause an der Schwalm und vermehrte seine Kanonen auf 120 Stück. Marschall Contades rückte über Gießen vor und überrumpelte die von Truppen entblößte Stadt, nahm 700 Mann alliierter Soldaten gefangen und konfiszierte die gefüllten Magazine. So machte er es auch mit Münster, das förmlich belagert werden musste. Zusammen mit seinem Sieg bei Bergen gab es in Paris ein Dankfest zu feiern. Weil Marschall Broglie der Dank gebürte, wurde dieser vom Wiener Hof zum kaiserlichen Reichsfürsten erhoben. Nun lass uns schlafen, ich werde morgen weiter berichten, wenn wir Zeit haben."

Daran haperte es natürlich. Ferdinand ließ seine preußischen und britischen Gäste, darunter einen Zeitungsmann aus London – was hier sonst ganz und gar unmöglich war – an allen Planungen und Beratungen teilnehmen. Der Plan der Franzosen war deutlich erkennbar: Ins Hannoversche einzudringen und die Alliierten von der Weser abzudrängen.

Doch nun zeigte sich, dass König Friedrich mit der Wahl seines Schwagers zum Oberkommandierenden einen guten Griff getan hatte.

Denn nun versuchte er, seinerseits des Gegners rückwärtige Verbindungen zu bedrohen oder in einem kühnen Handstreich wegzunehmen. Das glückte ihm mit Bremen, das sich Reichsstadt nannte, und so beherrschte er den größten Teil der Weser. Es zeichnete sich ab, bei all der Hin- und Herschieberei der Truppen, dass eine Schlacht *vor* Hannover den ganzen westlichen Feldzug von 1759 entscheiden konnte. So bildete er zwei Korps, das eine unter dem Erbprinzen von Braunschweig, das andere unter General Drewes, die gleichzeitig nach Herford und Osnabrück marschieren sollten. Dort wurden die Tore der Stadt aufgesprengt und ein großes Magazin erobert.

So wurde Contades besorgt, ließ einige Brücken über die Weser schlagen – was ihn vom Kämpfen abhielt – ihm aber den Anschluss der jenseits stehenden Armee Broglies erleichterte. Alle Befehlshaber brannten auf eine Schlacht, denn das Geschiebe von Truppen, Kanonen, Pferden und marschierenden Grenadieren und Musketieren kostete Kraft und Geld, das in Paris aufgebracht werden musste. Es entstand die Lage, dass Ferdinand eine Schlacht wünschte, Broglie und Contades sie aber benötigten. Denn Friedrich, um den sich alles drehte, war zufrieden, wenn Stillstand herrschte, aber sein Kollege Ludwig in Paris konnte den Groll der Franzosen nur lindern, wenn er Schlachten gewann – (man bedenke, dass in Frankreich das Grollen und Knistern einer Revolution schon im Untergrund zu vernehmen war.

Übung einer Schlacht

Wenn unsere beiden Freunde mit Recht glaubten, der Herzog habe sich zu Bett begeben, dann irrten sie. Denn kaum, dass sie fort waren, ließ er seinen persönlichen Adjutanten lostraben, die Hauptleute und Chefs der königlichen Artillerie herbeizuholen. Sie fluchten lästerlich, weil manche ihre Mätressen im Bett oder auf dem Lager allein lassen mussten – sie gehorchten aber! Ihre mürrischen Gesichter bemerkte Ferdinand wohl, bot ihnen aber dennoch weder Essen noch Trinken an. Ein Dolmetscher übersetzte, denn nicht jeder von ihnen hatte es für nötig gehalten, *damned German* für ein paar Kriegswochen zu lernen.

Doch Ferdinand von Braunschweig – sie sagten „Ferdinand von Hannover" – wusste sie zu packen und versprach einen „Sieg, wie er noch nach Jahrhunderten von Euren Ur-Ur-Ur – und noch einmal Urenkeln gefeiert werden würde. Ganz Britannien, vom König bis zum letzten Küttler, wird begeistert sein".

Dann legte er den Plan dar, so wie er ihn verstanden hatte und befahl für die Tage bis zur Schlacht Übungen zu veranstalten, „möglichst unauffällig und darüber bis zur Schlacht nichts verlauten zu lassen".

„Capito?"

Sie nickten und hielten dieses Wort für einen preußischen Befehl.

„Hat das Ihr König ausgeheckt?", fragte einer im Abgehen.

Ferdinand nickte bescheiden.

„He ist", stellte der Mann begeistert fest und glaubte das deutsche Wort „Deubelmordskerl" richtig übersetzt zu haben, *„he is indeed a dodgy killer."*

* * * * * *

Es dauerte tatsächlich einen Tag vom Sonnenauf- bis zum Sonnenuntergang, bis die Kanoniere der Königlichen Artillerie und das 12th of Foot Regiment die Lage begriffen und „intus“ hatten. Sie freuten sich besonders, als ein Überläufer ihnen erklärte. dass Contades sich entschlossen habe, sein Elite-Regiment, „die Blüte des französischen Adels“, speziell gegen ein britisches, nicht preußisches Infanterie-Regiment vorgehen zu lassen.
„Da werden die Mindener Bauern fette Beute machen“, kommentierte ein Soldat. (Man muss wissen, dass die Landwirte der Umgebung angehalten sind, die Gefallenen einer Schlacht zu begraben. Daher Friedrichs Ausspruch, „manche Äcker sind jahrelang ausreichend gedüngt“.

Vortag der Schlacht

Am Morgen des 31. Juli rief Ferdinand und alle gerufenen kamen. Seine beiden Gäste durften neben ihm stehen, denn mittlerweile hatte er erfahren, dass sie nach dem Ende des Krieges jeder ein Buch schreiben wollten. Das aufkommende Bürgertum, ließ Ferdinand sich belehren, und die ebenfalls noch nicht ganz durchgesetzte Pflicht, Kinder zur Schule gehen zu lassen, würde die Lust am Lesen und das Betrachten von Zeichnungen und Gemälden sehr fördern – „Die Bildung hält mit den Soldaten Schritt“, soll ein Dichter gesagt haben. Nicht ganz so war‘s mit dem medizinischen Fortschritt, er hinkte noch und konnte nur wenige Verwundete retten.

„Wenn eine Schlacht sein muss“, hatte ein Regimentsarzt in Potsdam zu von Rohdich gesagt, „dann schlagt sie vormittags und nicht am späten Nachmittag, weil wir Verwundete in der Dunkelheit der Nacht kaum finden können und sie unnötig verrecken oder von Wölfen gefressen werden.“
Das war auch Ferdinands Ansicht, der schon heimlich Soldatenvater genannt wurde. Seine unteren Offiziere verehrten ihn, die oberen ab Hauptmann, die oft Kapitän gerufen wurden, waren bedächtiger mit ihren Sympathien, weil Ferdinand sie oft abkanzelte und Schlamperei nicht ausstehen konnte. Ferdinand teilte nun mit, dass die Franzosen wohl ernsthaft eine Niederlage in Betracht zogen, „denn sie haben über den Fluss Bastau vierzehn Brücken schlagen lassen, allesamt nicht fürs schwere Gerät geeignet. Spione berichten mir, dass Marschall Broglie zur Zeit ebenfalls einen Kriegsrat abhält und uns morgen angreifen will – mehr war nicht zu erfahren.“
„Wenn wir wissen“, rief ein General, „wo er kampiert, sollten wir ihn stracks überfallen und...“
„Es ist viel zu weit entfernt“, korrigierte Ferdinand, „und jetzt im Hochsommer sind die Nächte zu kurz zu überraschenden Überfällen.
Ich teile Ihnen noch folgende Daten mit, damit Sie sie ihren Männern weitergeben, damit sie später ihren Kindern und Enkeln sagen können: ‚Ich bin bei Minden dabei gewesen, König und Vaterland zu verteidigen‘ und auch für Sie, meine Herren, scheint nicht klar zu sein, wer alles sich morgen schlagen wird. Preußen kämpft gemeinsam mit Großbritannien, Kurhannover, Schaumburg-Lippe, Braunschweig-Wolfenbüttel und Hessen-Kassel gegen Frankreich und Sachsen...“

„Die setzen immer aufs falsche Pferd!“, rief ein vorlauter Hauptmann dazwischen. „und werden sich noch wundern...“
„und damit stehen unsere 40.000 Mann und 107 Kanonen gegen 55.000 Feinde mit 86 Kanonen – wenn meine Angaben stimmen. Sorgt dafür, Soldaten, dass nach der Schlacht die Zahlen für uns noch besser stehen. Es lebe Friedrich II. von Preußen, unser König!“
Der Beifall rauschte durch die Nacht und sprang wohl über Wälder und Felder, dass die rundum äsenden Wildtiere ihre Köpfe hochwarfen und die Ohren spitzten. Doch diesmal galt die Treibjagd nicht ihnen!

Jetzt sollte es, mag ein Großteil unserer Leserschaft meinen, mit der Schlacht losgehen, da alle Protagonisten in den Startlöchern stehen. Doch gemach und Geduld! Der Autor hat sich entschlossen, einen „Zwischenbericht“ einzuschieben, der von J. W. von Archenholtz stammt, den dieser dem Vorfahren und hier mehrmals genannten jetzigen Oberst Friedrich Wilhelm von Rohdich gegen Ende des 18. Jahrhunderts überlassen hat, als er die „Geschichte des Siebenjährigen Krieges“ schriftlich vollendet hatte – er soll als Auflockerung und Unterrichtung über Menschen ihrer Zeit hier als „Intermezzo“ eingefügt werden. Von Archenholtz hat viel mit dem General der Infanterie – so weit hat F.W. von Rohdich geschafft, bis er auf dem Invalidenfriedhof zu Berlin letzte Ruhe fand – dort ruht er noch immer! Also auf zum Intermezzo!

Ein Intermezzo

Im Jahr 1759 ist der Siebenjährige Krieg, den König Friedrich II. von Preußen begonnen hat, ins dritte Jahr gegangen.
„Wer hätte das gedacht?“
Mag ihm durch den Kopf gegangen sein! Denn alle seine höchst verwegenen Pläne basierten auf seiner Feststellung, „dass Preußens Kriege lebhaft und kurz“ sein müssten, wollte es ungeschoren aus ihnen hervorgehen. Beim Ersten Schlesischen Krieg von 1740 bis 1742 hatte das noch ganz gut geklappt. Beim zweiten, der von 1744 bis 1745 währte, wurden zwar alle Schlachten zum Teil bravourös gewonnen, doch es zeigte sich, dass Preußen im Gegensatz zu Österreich, keinen langen Atem hatte und trotz aller Siege den Kaiserstaat, - welcher wie Preußen Bestandteil des Heiligen Römischen Reiches Deutscher Nation war -, nicht wirklich in die Knie zwingen könnte.

Für diejenigen unserer Leser, welche historisch wenig bewandert sind, wollen wir jetzt erst einmal untersuchen, wie es denn bei dieser friedlichen Stadt, „die niemandem etwas zuleide tat“, zu einer Schlacht kommen konnte. Alle Ursachen, die zu den drei Schlesischen Kriegen führen, die zwischen 1740 und 1763 verliefen, liegen im Verhalten des Königs von Preußen begründet. Er wollte sich, kaum 1740 durch Erbfolge an die Macht gekommen, den größten Teil Schlesiens, das zu Österreich gehört, einverleiben und gleichzeitig, wie er es selbst formulierte, „zu Ruhm und Ehre kommen“. Er hielt die österreichische Thronerbin Maria Theresia mitsamt ihrer Mannschaft für schwach und nachgiebig, meldete aber dennoch einen recht fadenscheinigen Erbanspruch auf Schlesien an.

Europa horchte und schreckte auf. Österreich war auf einen Krieg nicht vorbereitet und konnte erst im Frühjahr 1741 eine Armee auf die Beine stellen und eine Schlacht liefern – die von Mollwitz am 10. April 1741; die ohne sein Zutun von Preußen gewonnen wurde. Friedrich monologisierte später:
„Ein Thor ist, wer behauptet, dass er in der ersten Schlacht so unverzagt gewesen ist wie in der zehnten."
Der erste Irrtum von zahlreichen seiner Karriere war, dass er Maria Theresia unterschätzt hatte: Sie war keine schwache Frau, die nur ans Kinderkriegen dachte. In der Folge, wo sich Friedrich unsicher und schwankend durch die hohe europäische Politik lavierte bis zur nun anstehenden Schlacht von Minden, fanden zahlreiche Schlachten statt, die wir nicht besprechen, nur aufzählen werden, weil sie nicht zum Thema dieser Abhandlung gehören:

Chotusitz am 17. Mai 1742 mit preußischem Sieg,
Prag am 16. September 1744 mit preußischem Sieg,
Hohenfriedeberg am 4. Juni 1745 mit preußischem Sieg,
Soor am 30. September 1745 mit preußischem Sieg,
Kesselsdorf am 15. Dezember 1745 mit preußischem Sieg,
Lobositz am 1. Oktober 1756 mit preußischem Sieg,
Prag am 6. Mai 1757 mit preußischem Sieg,
Kolin am 18. Juni 1757 mit erster preußischer Niederlage,
Roßbach am 5. November 1757 mit preußischem Sieg,
Leuthen am 5. Dezember 1757 mit preußischem Sieg,
Zorndorf am 25. August 1758 mit einem taktischen Unentschieden,
Hochkirch am 14. Oktober 1758 mit preußischer Niederlage.

Und nun im nächsten Jahr Minden. Es ist bis hierhin klar, dass Preußen sich in höchster Not befand: Während es bis 1745 nur gegen Sachsen und Österreich kämpfte, hatte es nun Gegner sozusagen in allen Richtungen: Österreich im Süden, Frankreich im Westen, Schweden im Norden und Russland im Osten. Denn der Wiener Hof-Politik war es gelungen, trotz aller Friedensverträge eine Koalition gegen Preußen zustandezubringen, der Friedrich nach einhelligen Urteilen auch der neutralen Fachwelt erliegen musste. Jeder seiner Feinde besaß einen guten Kriegsgrund: Österreich wollte Schlesien zurückhaben, Frankreich, im Krieg auch gegen England, wollte Hannover besetzen, das in Personalunion vom englischen König regiert wurde, Schweden sich an der Ostseeküste sicherer festsetzen und Russland begehrte Ostpreußen, das es bereits erobert hatte.

Wenn wir uns nun der Schlacht von Minden zuwenden, müssen wir Friedrich allein lassen und die bisherigen Schlachtgegenden verlassen. Wenn wir auch wissen, dass Friedrich und seine braven Soldaten Marschierer allererster europäischer Klasse und bisher immer zurechtgekommen waren, so war es ihnen doch unmöglich, einer großen feindlichen Armee, die über den Rhein herankam, entgegenzutreten. Schon von Anfang an war diese französische Armee von einer separaten preußisch-englischen Armee beschäftigt und bekriegt worden, die sich nicht unter direkter Führung Friedrichs befand, aber im Oberbefehl ihm unterstand.

Nach der Schlacht von Roßbach, - (siehe im gleichen Verlag vom gleichen Autor „Die Schlacht von Roßbach“, ISBN 978-3-96103-268-6), waren die Franzosen mit ihren deutschen Kontingenten von Friedrich zwar besiegt und eine Weile aufgehalten worden, doch würden sie verstärkt wiederkommen und Friedrich hindern, nach eigenem Ermessen sich den Österreichern oder Russen entgegen zu stellen. Noch vor Roßbach waren die Engländer im Zuge ihrer Hilfe für Preußen bei Hastenbeck geschlagen worden. Ihr Feldherr war der Herzog von Cumberland, Bruder König Georgs, und dieser selbst rief ihn nun ab und verlangte von Preußen einen neuen und fähigen Befehlshaber. Friedrich wählte den bewährten Herzog Ferdinand von Braunschweig aus, den wir noch näher vorstellen werden, und ließ ihn von seiner eigenen Armee in Mitteldeutschland zum westlichen Kriegsschauplatz abgehen; mit dieser Wahl war auch König Georg zufrieden.

Wir müssen noch darlegen, warum England am preußischen Überleben auf dem europäischen Festland so sehr interessiert war. Das ist heute ganz einfach zu erklären: Während für Preußen, Österreich und Russland dieser Krieg eine Hauptangelegenheit bildete, war er für Frankreich nur ein Krieg zweiten Ranges. Denn die Franzosen führten ihren Hauptkrieg in Übersee, nämlich auf dem amerikanischen Festland, wo es um mehr ging als um ein paar Ländereien wie Schlesien oder Ostpreußen: Wenn Britannien seinen Jahrhundertgegner Frankreich in Europa beschäftigte und beschäftigen ließ, schwächte es ihn gleichzeitig in Kanada – dass diese Rechnung aufging, wissen wir ja. Frankreich schließlich war daran interessiert, die britische Enklave, das Kurfürstentum Hannover innerhalb Deutschlands zu erobern, wenigstens militärisch zu besetzen, um es als so genanntes Faustpfand bei kommenden Friedensverhandlungen zu benutzen – noch war die

Zeit nicht reif, in der Großbritannien auf Hannover verzichten mochte. Außerdem war es ja eine törichte französische „Angewohnheit“ geworden, noch aus den Zeiten des Dreißigjährigen Krieges stammend, sich in Händel auf dem Gebiet des Heiligen Römischen Reiches Deutscher Nation marodierend und brandschatzend einzumischen.

* * * * * *

Was wir soeben zu schildern versucht haben, war große Weltpolitik der seefahrenden Nationen, von welcher Diplomaten und Politiker in Wien und Berlin nur vage Ahnung und wenig Vorstellung besaßen. Um bereits vergangene Schlachten wie Roßbach und kommende wie Minden zu verstehen, in denen Deutsche gegen Deutsche fochten, muss man wissen, dass das schon erwähnte Deutsche Reich aus einem Sammelsurium von Klein- und Mittelstaaten zusammengesetzt war, welche eifersüchtig auf den Kaiser setzten, wenn sie ihn brauchten und sie ihn links liegenließen, wenn sie sich stark genug fühlten. So war es möglich, dass eine christlich-fromm-katholische Kaiserin orthodoxe Russen in ihr Reich holte, um einen unbotmäßigen König innerhalb Deutschlands niederzuringen; auch um Schweden ein paar Ostseequadratkilometer und Frankreich die Rheingrenze zu überlassen.

Erwähnt werden muss noch, dass Friedrich als preußischer König jetzt unter Reichsacht stand – das war eine mittelalterliche Ächtung und Vogelfreierklärung – und dass deswegen so genannte „Reichsvölker“ gegen ihn Krieg führen durften und mussten – in der Schlacht von Roßbach am 5. November 1757 hat er sie gehörig verprügelt. Englands Hilfe an Preußen stand solange auf der Kippe, bis Friedrich bewiesen hatte, dass er nach der Schlacht von Kolin in Böhmen am 18. Juni 1757 militärisch nicht erledigt war. Da erst genehmigten König Georg und das Parlament in London aktive Hilfe in Form von regulären Truppen und Subsidien (Hilfsgelder).

So geschah es, dass unter dem neuen Oberbefehlshaber Herzog von Braunschweig nun der westliche Kriegsschauplatz wieder so in Schwung geriet, dass König Friedrich sich vermehrt den ihn bedrohenden Österreichern und Russen widmen konnte.

Eine Stadt an der Weser

Wir stehen an der Weser, von den Römern Visurgis genannt und blicken und hören soweit wie möglich zurück. Unser neugieriges Verhalten wird von *Publius Cornelius Tacitus* ermöglicht, der ein germanisches Gespräch überliefert hat, das *Arminius* und *Flavius*, zwei politisch verfeindete Brüder vom Stamm der Cherusker, am Ufer der Weser unweit der *Porta westfalica* geführt haben sollen. Wir bringen es verständlich dar. Es geht darum, dass Flavius auf Seiten der Römer, Arminius aber gegen sie steht. Ein wenig unglaubwürdig erscheint es uns heute, dass sie so laut schrien, dass sie sich über den Strom hinweg verstehen konnten. Wie breit war die unregulierte Weser damals? Man bedenke, dass jene „alten Flüsse“ nur selten betretbare reguläre, stattdessen sumpfige Ufer besaßen.

„Woher kommt es?“, schrie Arminius hinüber, „dass du nur noch ein Auge hast?!

„Ich habe es“, antwortete Flavius, „in den Kämpfen unter Tiberius verloren.“

„Und was hast du als Lohn erhalten, Bruder?"
Flavius nannte eine Halskette, Solderhöhung, andere Belohnungen.
Arminius lachte laut und bitter: „Das ist armseliger Sklavenlohn, Bruder, hier bei uns bekämst du freilich nichts anderes dafür als deine angestammte Freiheit und das Wohlwollen unserer alten, heimatlichen Götter."
„Ich pfeife auf diese Götter, Arminius", antwortete Flavius, „sie sind nichts wert."
„Wenn unsere Mutter dich so hören würde! Aber Vater hört dich, er ist hier!"
„So grüße ihn."
„Warum verrätst du Sippe und Volk? Komm durch den Fluss herüber und du kannst gleich Feldherr sein, statt diesem Räuber Germanicus zu dienen..."
Das Wortgefecht artete so aus, dass ein Zweikampf stattgefunden hätte, wenn der Fluss nicht gewesen wäre.

* * * * * *

Minden entstand an der zum Siedeln günstigen Stelle der Schwelle des Mittelgebirges, wo die Weser vom Süden kommend, das Gebirge durchbricht: Diese Stelle nannten die alten Römer *Porta westfalica*, also Westfälische Pforte. Von ihr ab fließt die Weser durch die Norddeutsche Tiefebene zur Nordsee. Diese Pforte war nicht nur eine Öffnung für den Fluss, sondern hier querte auch – ein Blick auf die Karte macht es verständlich – von der Furt begünstigt, ein wohl uralter Handelsweg den Strom. Bis zur Küste gab es sonst keine ungefährliche Möglichkeit, ans andere Ufer zu gelangen. Im Lauf der Entwicklung kamen andere

Handelsweg hinzu, die schräg heran- und ebenso fortliefen. Sie hatten ihren Ursprung sowohl in alten als auch in neuen Handelsbeziehungen, die noch vor Ende der Spätantike überall in Europa entstanden. Der bekannte Bremer Weg, der noch bekanntere Westfälische Hellweg und der Hellweg von Santforde sind da zu nennen. Schon um die Mitte des 13. Jahrhunderts gab es auch eine Brücke über den Fluss. Ausgrabungen und Siedlungsfunde im heutigen Stadtgebiet weisen auf die frühe Besiedlung im 3. Jahrhundert hin.

Es ging dann zügig, wie in ganz Mitteleuropa, auch in Minden weiter. Wir folgen einer wissenschaftlichen Darstellung, welche im Jahr 798 beginnt. Da wird Minden zum ersten Mal urkundlich in den so genannten Reichsannalen erwähnt, als Karl der Große eine Reichsversammlung in *Minda* abhielt. Schon 800 ließ Karl der Große hier ein Bistum gründen, dessen erster Bischof *Erkanbert von Minden* wurde. Im Dezember 852 hielt *Ludwig der Deutsche* in Minden einen Hoftag ab. 977 wurde der Stadt das Marktrecht, das Münzrecht und das Zollrecht verliehen. 1003 besuchte *Heinrich II.* Minden. 1024 wurde auf einer Insel in der Weserniederung zur Sicherung der Furt über die Weser das Benediktinerkloster *Sankt Mauritius* gegründet.

Im Mai 1062 brach während des Besuchs Kaiser *Heinrich IV.* ein Feuer aus, das auch den inzwischen errichteten Mindener Dom und große Teile der Stadt zerstörte. Schon 1071 war alles wieder aufgebaut. Am 1. Februar 1168 heiratete *Heinrich der Löwe* die Schwester Mathilde des *Richard Löwenherz.* Es ging also aufwärts mit einer zukunftsträchtigen Stadt. Um 1230 konnten sich die Mindener Bürger vom kirchlichen Landesherren lösen und erhielten die Stadtrechte – erst da war eine Stadt eine richtige Stadt! Minden wurde auch Mitglied der Hanse. Die regionale Bedeutung Mindens zeigte sich auch darin, dass die Stadtrechte beispielhaft für andere Rechte von Städten in der Region wurden.

Für unsere Abhandlung hier können wir jetzt einen historischen Sprung machen, der unsere Geschichte darum bedeutungsvoll macht, weil die preußische Zeit beginnt, welche erst am 25. Februar 1947 enden sollte!

Mit dem landesherrlichen Stadtreglement vom 10. Juni 1711 durch den frischgebackenen Preußenkönig *Friedrich I.* endete das Selbstbestimmungsrecht der Mindener Bürger. Der nächste Preußenkönig, Friedrich Wilhelm I., verschärfte 1723 das Stadtreglement dadurch, dass alle Mitglieder des Magistrats vor ihrer Ernennung seine Zustimmung einholen mussten. Doch die Bedeutung Mindens als zentraler Verwaltungsort des Territoriums Minden-Ravensberg nahm seitdem ordentlich zu: 1722 wurde die Kriegs- und Domänenkammer nicht nur für Minden, sondern auch für Lingen und Tecklenburg zuständig. Die Ersten und Zweiten Schlesischen Kriege von 1740 bis 1745 tangierten diese preußischen Gebiete nicht, weil Frankreich auf Seiten Preußens kämpfte. Aber 1756 war die Koalition Österreich-Frankreich zustandegekommen und verhieß nichts Gutes für Minden und viele andere Städte, die außerhalb der berühmt werdenden Schlachtorte des Siebenjährigen Krieges lagen.

Menschen, Tiere und Material im 18. Jahrhundert

Durch alle Jahrtausende hinweg haben Könige, Kaiser, Marschälle und alle anderen Ober- und Unterkommandierenden dies behauptet:

Es ist süß und ehrenvoll fürs Vaterland zu sterben

Dulce et decorum est pro patria mori (lateinisch)

It is sweet and honorable to die for the Fatherland (englisch)

Il est doux et honorable de mourir pour la patrie (französisch)

Thae milis agus urramach bà sachadh airson an Fatherland, (schottisch)

Mae'n melys ac anrhydeddus i farw am y wlad (walisisch)

Das große menschliche Geheimnis, warum genannte Befehlshaber nie klagen konnten, zu wenig Menschen zu haben, die ihren Befehlen, in den Tod zu gehen gehorchten oder dem Tod zur Verfügung standen, können wir weder untersuchen nach entschleiern. Tatsache ist, dass alle Kriege ungeheure Energien freisetzten, die sich noch steigerten, wenn später wiederaufgebaut wurde.

* * * * * *

Zu allen geschichtlichen Zeiten galt, dass Feldherrsein und Befehlenkönnen für den Gewinn einer Schlacht oder eines Krieges nicht genügten. Wir wollen hier darlegen, was alles **vor** einer Schlacht im 18. Jahrhundert notwendig und zu beachten war. Die Stadt Minden besaß 1759 nicht ein Zehntel der Einwohner von heute, nämlich erst 1816 6.500, und das Schlachtgelände lag vor den Toren der Stadt und ist heute Stadtgebiet. Dörfer und Weiler oder andere Ansiedlungen auf dem Schlachtfeld waren gegen heute gerechnet sozusagen menschenleer und die Erträge der Landwirtschaft waren nicht in der Lage, alle Menschen zu ernähren und auch noch Gewinne zu erzielen.

Aber: An der Schlacht sollen fast 100.000 Soldaten teilgenommen haben! Wie konnte diese Rechnung aufgehen? Es sind aus der Zeit Zahlen überliefert, die uns Hochachtung „wegen der Logistik“ abverlangen sollten. Wie hat Preußens König Friedrich II., der eigentliche „Chef“ der Schlacht, verlauten lassen:

„Die Hauptsorge gilt den Lebensmitteln, die man für einen Feldzug braucht. Man beschränke sich nicht auf ihre Anschaffung, sondern sinne im voraus auf Mittel und Wege zur Erleichterung ihres Transports. Denn wenn der Proviant fehlt, kann man auch mit der tüchtigsten Armee nichts anfangen.“

Und Armeen marschierten damals bevorzugt hin und her, schlugen sich nur selten und mussten doch verpflegt werden. Die Zeiten der Plünderungen und gewaltsamen Requirierungen wie im Dreißigjährigen Krieg waren offiziell vorbei, was sie jedoch nicht ausschloss, wenn Not am Mann war, die Mägen knurrten und Durst zum staubigen Marschieren kam. In unserer hier fraglichen Zeit waren es hauptsächlich französische und unterversorgte Reichstruppen, welche sich ihre Lebensmittel von der sesshaften Bevölkerung mit Gewalt und Übergriffen besorgten.

Die Feldverpflegung. In Kriegszeiten erhielten die Soldaten ihre Verpflegung kostenlos. Frankreich hatte Anfang des 18. Jahrhunderts die Versorgung durch Magazine eingeführt, Preußen und Österreicher hatten sie übernom-

men. In Magazinen, die bevorzugt längs der nächsten Flüsse angelegt wurden, - hier an den „Wasserstraßen“ Elbe, Oder, Weser und Rhein -, wurde alles gelagert, was sich damals lagern ließ: Getreide, Mehl, Reis, Brot und Zwieback, Gemüse wie Rüben nur kurzzeitig; Kartoffeln gab es schon, hatten sich aber noch nicht durchgesetzt:
„Wenn man diese“, hieß es, *„zuvor im warmen Wasser gereinigt, hernach geschält und alsdann mit einer deutschen Suppe zubereitet hat, werden sie eben solchen Geschmack wie die Artischocken haben, nur daß sie ein wenig weichlich sind.“*
In fünfzehn namentlich aufgeführten preußischen Magazinen wurden über eineinhalb Millionen Kilogramm Waren gelagert; die natürlich beaufsichtigt, im Kriegsfall verteidigt und gewartet werden mussten.

Das tägliche Brot wurde in Feldbäckereien gebacken, die auf Kriegszügen und Märschen den Truppen zu folgen hatten. Gebacken wurde in eisernen Öfen, die für den Transport zerlegbar waren und über zwanzig Zentner wogen. Rund um die Uhr von Backmeistern und Gesellen bedient schaffte so ein Ofen 1.250 Brote. So zählte der Fuhrpark der alliierten Armee, welche die Schlacht von Minden bestritt, etwas über 500 Wagen, 700 Fuhrknechte 2.500 Pferde.

Jeden Tag hatte der Soldat Anrecht auf zwei Pfund Brot, das alle drei Tage ausgegeben wurde. Neben dieser Ration bekam jeder Soldat zweimal wöchentlich ein halbes Pfund Fleisch, das von den mitgeführten Schlachttieren geliefert wurde, und diese Tiere mussten auch versorgt werden. Verlief alles ordentlich und klappte die Belieferung, mussten die Soldaten nicht gewaltsam fouragieren gehen, dann kauften sie sich Gemüse an Ort und Stelle von Bauern oder Händlern der Umgebung.

„Eine Armee von 50.000 Mann", berichtet Siegfried Fiedler in seiner „Geschichte der Grenadiere...", *„benötigte damals für einen einzigen Tag nicht weniger als 75.000 bis 100.000 Pfund Brot, 50 Rinder, 1.250 Zentner Gemüse..."*

* * * * * *

Die Unterbringung der Soldaten. Wie schon angedeutet: Die Schlachttage sind selten im Siebenjährigen Krieg, sowohl in Schlesien, Böhmen, Sachsen, der Mark und auf dem so genannten westlichen Kriegsschauplatz. Marschieren, sich bereit und in Ordnung halten, abwarten, abkochen und ruhen und schlafen füllen die Tage und Nächte aus. Nicht umsonst gab es damals die vielen Ruhepausen in den Winterquartieren. Nur selten waren die örtlichen Möglichkeiten aus verschiedenen Gründen so, dass Soldaten in Privatquartieren untergebracht werden konnten. Das so genannte Feldlager betrieben schon die alten Römer in ihren Feldzügen, auch wenn dieses Lager nur für eine Nacht zu reichen hatte. Als erstes hoben die römischen Legionäre Gräben und Wälle aus, die sich ums ganze Lager zu ziehen hatten und natürlich sofort bewacht und besetzt wurden; gegnerische Lager wurden bevorzugt mit schnellen Überraschungsangriffen bedacht.

Der Fortschritt im Lagerbau des 18. Jahrhunderts besteht hauptsächlich darin, dass nun Zelte zur Verfügung standen, damit auch der gemeine Soldat nicht mehr unter freiem Himmel nächtigen musste: Ein nicht ausgeruhter Soldat ist am nächsten Schlachttag ein schlechter Soldat. In den Kriegen des 18. Jahrhunderts hatte der Generalquartiermeister den Lagerplatz auszuwählen und abstecken zu lassen. Nach einer gewissen Lagerordnung wurden die Zelte in mehreren Reihen aufgestellt und ordnungsgemäß ausgerichtet, wobei Gassen entstanden. Alles musste so ausgerichtet sein, dass bei drohender Gefahr eines Überfalls die Soldaten sogleich alarmiert und in Gefechtsbereitschaft gebracht werden konnten. Offiziere und Gemeine wurden getrennt untergebracht, letztere zu sieben in einem Zelt; Ulrich Bräker berichtete darüber:

„Unter diesen sieben mußte immer einer Mannszucht halten, von den sechs übrigen ging einer auf Wache, einer musste kochen, einer Proviant herbeiholen, einer ging nach Holz, einer nach Stroh. Alle zusammen bildeten eine Haushaltung, ein Tisch und ein Bett."

Für die Sicherung des Lagers hatten Außenwachen zu sorgen, darunter berittene Husaren, welche in einer bestimmten Entfernung um das Lager herum in der Landschaft aufgestellt wurden, fleißig patrouillierten und jede Gefahr unverzüglich zu melden hatten. Kein gemeiner Soldat hatte etwas gegen langes Lagerleben einzuwenden, besonders dann nicht, wenn er in einer blutigen Schlacht noch einmal davongekommen war. Man muss wissen, dass damals auch eine siegreiche Armee kaum in der Lage war, den geschlagenen Feind nachhaltig mit allen Kräften zu verfolgen, wenn dazu keine Reserven bereitgehalten werden konnten.

Viele Männer übten den Soldatenberuf gerne aus, entweder weil sie sonst keine sinnvolle Beschäftigung finden konnten oder weil ihnen das ziemlich lockere Dasein außerhalb der Kriegshandlungen gut gefiel. In einem Lager, das zum Beispiel vom Winteranfang bis Winterende betrieben wurde, ging es durchaus dörflich oder gar städtisch zu; das Warenangebot an Lebensmitteln, die im Sommer knapp waren wie Fleisch, andere Fette, Butter und Speck war durch private Händler und Händlerinnen durchaus genügend und für wenige Groschen zu haben. Der Dienst mit dem Reinigen der Gewehre und anderer Waffen füllte nicht den ganzen Tag und der Unterhaltung war breiter Raum geschaffen: Kartenspielen, Kegeln, Kochen, Uniformen in Ordnung halten, Schuhe besohlen, Holzschnitzereien, Geselligkeit in den großen Marketender-Zelten. Nichts jedoch durfte die allgemeine Disziplin beeinträchtigen. Abends um 6 begann der Dienst zur Innensicherung des Lagers, um 8 Uhr war Zapfenstreich.

* * * * * *

Disziplin, Gehorsam und Strafen. Die Armeen aller Staaten und Länder des 18. Jahrhunderts bestanden aus Soldaten buntester und verschiedenster Herkunft: Verpflichtete, Freiwillige, Verkaufte, Gekaufte, Verliehene, Geliehene, Gepresste und Eingefangene. Wer einmal in die Fänge des Soldatentums geraten war, musste sich ihm unterstellen und konnte nur mit Entlassung rechnen, - so er diese anstrebte -, wenn sein Arbeitgeber ihn nicht mehr honorieren wollte oder konnte. Klar, dass es viele Fluchtversuche gegeben hat, die beim Misslingen unweigerlich zum Tod führten. Für Preußen Friedrich II. gilt, dass sich im Verlauf des Siebenjährigen Krieges von 1756 bis 1763 immer mehr „Landeskinder" bereit fanden, für König und Heimat ihr Leben zu riskieren.

In allen der hier in Frage kommenden und auftretenden Armeen wurden Dienstvergehen und Disziplinlosigkeit rigoros bestraft: Durch Spießrutenlaufen, Krummschließen, Karre, Verweisung außer Landes, Todesstrafe. Die Straftaten hießen: Betrunken, Diebstahl, Unterschlagung, unerlaubtes Entfernen, Einschlafen auf der Wache, leichter und schwerer Ungehorsam, „Räsonieren“, verbotenes Glücksspiel, Prügeleien, falscher Rapport, Befehlsverweigerung, versuchter Selbstmord, Selbstverstümmelung, tätlicher Angriff gegen Vorgesetzte und Desertation. Da wurde nicht lange gefackelt, auch wenn der heute noch oft genannte Slogan „So schnell schießen die Preußen nicht“ sich nicht auf den Kampf sondern auf die Todesstrafe bezog; sie war natürlich die letzte Abschreckung und wurde in allen Armeen bis in die Gegenwart des Zweiten Weltkriegs beibehalten.

Es gab noch eine andere Art von Strafen: die Stockprügel. (Bedenken wir Heutigen, noch Lebenden: Wir haben noch Prügel auf die Hände „oder den Arsch“ von unseren Lehrern hinnehmen müssen!) Im gegenwärtigen Krieg gab es Zeiten, in denen vom Gemeinen bis zum Offizier die Leute so erbittert waren, „dass sie die Klamotten hinwerfen und türmen wollten.

Die Pferde und ihre Reiter. Man behauptet heute oft, „bis in die Jahre des Ersten Weltkriegs hinein sei das Pferd der wichtigste Freund des Soldaten gewesen“. Das stimmt insoweit, indem man hinzufügen muss, dass auch im Zweiten Weltkrieg Pferde noch eine bedeutende Rolle gespielt haben. In unserer Abhandlung hier stellen sie in Gemeinschaft mit ihren Reitern die Waffengattung „Kavallerie“ dar, die in der Hauptsache aus Kürassieren, Dragonern und Husaren besteht. Das Königreich Preußen bezog seine Pferde hauptsächlich aus dem europäischen Ausland, weil im Inland noch nicht genügend gezüchtet wurden. Zwar existierte das Gestüt Trakehnen in Ostpreußen bereits, von Friedrichs Vater gegründet, konnte aber noch nicht ausreichend Pferde liefern.

Die Kürassiere waren damals das A und O der Kavallerie, hoch angesehen und beim Feind gefürchtet. Die Männer selbst waren meist von starkem Körperbau, ihre Pferde ebenfalls und wiesen noch nichts von der Eleganz späterer Züchtungen aus, sie waren durchweg dunkler Färbung; entgegen vieler Abbildungen, welche dekorativ Schimmel zeigen – diese wären in einer Schlacht ein bevorzugtes Ziel gewesen! Ritten in einer Infanterie-Schlacht, erst einmal in Reserve gehalten, ein paar Schwadronen Kürassiere mit voller Wucht in die Linien des Feindes ein, gab es kaum mehr ein Halten, und Unordnung war es ja, die in die Fußtruppen gebracht werden sollte. Vom Pferd aus hatten die Kürassiere auf die unter ihnen fechtenden Infanteristen mit schweren Säbeln einzuhauen. Waren aber selbst äußerst gefährdet, wenn diese „standen", schossen und mit dem Bajonett den Pferden von unten her in den Bauch stachen oder so geschickt waren, den Reiter vom Pferd zu ziehen und niederzumachen.

Die Dragoner, scherzhaft auch aufgessene Infanterie genannt, gehörten zur leichteren Kavallerie und bildeten den größten Teil der preußischen Reiterei. Ein Reglement besagte:

„In vielen Fällen müssen die Dragoner absitzen und zu Fuß fechten, wenn die Infanterie nicht zur Stelle ist. Darum

lernen sie zu Fuß anzugreifen wie die Infanterie. Da man aber dieses nur im Notfall von ihnen verlangt, so muss man keine große Vollkommenheit in der Bewegung und im Angriff fordern. Ihr Hauptdienst ist stets der zu Pferd.“
Im allgemeinen waren die Dragonerpferde kleiner als die der Kürassiere und damit schneller und wendiger. Am bekanntesten aus Friedrichs Kriegen sind in der Überlieferung **die Husaren** geblieben. Sie machen auch äußerlich den Eindruck verwegener „Kerle“ und erinnern am meisten an die ursprünglichen und von der Bevölkerung sehr gefürchteten Reiterhorden der geschichtlichen Vergangenheit. Die Soldaten dieser Waffengattung mussten besonders zuverlässig, durften keine gepressten und zwangsweise Rekrutierte sein, denn sie operierten nicht in geschlossenen Verbänden: Ihre Aufgaben bestanden in der Sicherung marschierender und lagernder Armeen, in der Aufklärung und Beunruhigung der Gegner, im Verfolgen und Einfangen von Deserteuren, Spionen und Flüchtlingen und zur Versorgung des Nachrichtenwesens.

Wenn sie aktiv am Schlachtgeschehen teilnahmen, preschten sie überraschend los, waren mal hier, mal dort, je nachdem, was ihnen befohlen wurde und fielen auch bevorzugt dem Gegner in den Rücken. Einnahme und Plünderung feindlicher Lager waren ihre Spezialität. Aber es ist verbürgt, dass sie, zum Beispiel unter ihrem bekannten General Joachim von Zieten in der Schlacht von Torgau, Entscheidendes zu Siegen beigetragen haben. Darum standen sie bei Friedrich in hohem Ansehen. Nicht immer dachte Friedrich so, wie sich aus seiner eigenen Darstellung in seinen Betrachtungen leicht entnehmen lässt:

„Die Kavallerie bestand wie die Infanterie aus übermäßig großen Menschen, die auf riesigen Pferden saßen. Kolosse auf Elefanten, die weder zu reiten noch zu kämpfen verstanden. Es gab keine Musterung, bei der nicht der eine oder andere Reiter aus Ungeschicklichkeit aus dem Sattel fiel. Sie waren nicht Herren ihrer Pferde, und ihre Offiziere hatten keinen Begriff vom Kavallerie-Dienst, keine Ahnung vom Krieg, kein Verständnis für die Nutzung des Geländes und weder theoretische noch praktische Kenntnisse in den Manövern, wie sie die Kavallerie an einem Schlachttag auszuführen hat."

Nun, Friedrich war im Nachhinein ein zu strenger Kritiker und er erbte ja 1740 eine Kavallerie, welche sich in der Vergangenheit wenig hatte auszeichnen können.

* * * * * *

Die Offiziere. Nicht nur in der preußischen sondern vor allem auch in der französischen und britischen Armee war das Offizierskorps die tragende Säule dieser Armeen.

„Denn im Offizierskorps verkörpert sich der Geist des Heeres, in ihm ruht seine militärische Kraft."

Es gab im Adel Europas eine Unmenge Zweit- bis Zehntgeborene, welche innerhalb ihrer Familien und Heimat keine Chance sahen, jemals einer vernünftigen und einträglichen Tätigkeit nachgehen zu können, - außer jenen, die irgendwo lukrativ „einheiraten" konnten -, und so war es das Militär, wo sie von vornherein „gehoben" einrücken durften. Ihr Bildungsstand war meistens ziemlich und so fiel es ihnen relativ leicht, über den vielen Analphabeten der Mannschaft zu rangieren. Weil in den Schlachten der

Zeit, prozentual gesehen, mehr Offiziere als Gemeine fielen, brauchten Anwärter kaum lange zu warten; nicht überall wurden so hohe Anforderungen an die Offiziere gestellt wie in Preußen.

Die Artillerie. Welchen Umfang diese Waffengattung bereits im 18. Jahrhundert angenommen hatte, kann man nur mit einigen Zahlen darstellen, welche für die Zeit vor der Schlacht von Minden gelten. Während der Belagerung Prags 1757 verschoss die preußische Artillerie über 175.000 Granaten und Kugeln, und doch wurde die Stadt nicht erobert. Bei einer Belagerung konnten die Kanoniere in aller Ruhe arbeiten und waren selbst kaum gefährdet. Das sah in einer laufenden Schlacht anders aus. Denn die Geschütze waren auch bei guter Bespannung schwer zu transportieren und das Laden der Vorderlader war sehr umständlich und gefahrvoll. Früher ging man so vor, dass die Artillerie zu Beginn einer Schlacht hundert bis hundertfünfzig Meter vor der Infanterielinie Aufstellung nahm und begann, die ebenfalls aufgestellte Infanterielinie des Gegners zu beschießen. Klar, dass dieser sich nicht ohne Gegenwehr so beharken ließ, und bei einem gegnerischen Angriff wurde die Mannschaft meist überrannt.

So versuchte man Abhilfe zu schaffen, das Infanterie und Artillerie gemeinsam vorgingen, wobei die Kanoniere ihre Geschütze mit der Hand nachziehen mussten. Eine Vielzahl peinlich eingeübter Handgriffe war nötig, um das Vorderlader-Geschütz der Zeit zum Feuern zu bringen: Zunächst musste das Rohr, natürlich von vorn her, ausgewischt werden, dann wurde das Pulver in einer Stoffkartusche so ins Rohr gestoßen, dass sie unter das Zündloch geriet, anschließend die Kugel feste nachgestoßen. Durch das Zündloch füllte man feines Zündpulver ein, das der Ansetzer mit einigen Stößen verdichten musste. Auf diese Art und Weise soll eine Schussfolge von fünf bis sieben Kugeln in der Minute möglich gewesen sein, doch das war Theorie und in der Praxis, wenn die Kanoniere selbst beschossen wurden und in Deckung zu gehen wünschten, sah alles anders aus.

Kartätschenfeuer war der Vorläufer der späteren Schrapnells. Statt Vollkugeln wurden dabei Bleistücke, Metallteile und Nägel verschossen, die auf kurze Entfernungen schwere Verwundungen bei den Infanteristen und Kavalleristen verursachten und sie zum Weichen und Flüchten brachten.

Der Betrieb einer Kanone, die bald auch „das Geschütz" genannt wurde, ist in der „Encyclopaedia Britannica" sehr gut beschrieben, wir folgen ihr hier:

„Jede Kanone wurde mit zwei Kanonieren, sechs Soldaten und vier Offizieren der Artillerie besetzt. Der rechte Schütze hat das Stück mit Pulver zu beladen, während der linke das Pulver aus dem Magazin holte und bereit war, die Kanone auf Befehl des Offiziers abzufeuern. Auf jeder Seite der Kanone standen drei Soldaten, um die Kanone zu rammen, zu schwärmen und die Kelle zu halten.

Vor dem Laden sollte die Kanone mit einem Schwamm gut gereinigt werden, um Funken und Schmutz zu entfernen. Das Pulver wurde hinzugefügt, gefolgt von einem Bündel Papier oder Heu, und der Ball wurde hineingeworfen. Nach dem Rammen wurde die Kanone mit der eingestellten Höhe unter Verwendung des Quadranten und eines Lotes gerichtet. Bei 45 Grad hatte die Kugel die größte Reichweite..."

Es sei noch kurz erwähnt, dass es sich bei den Kugeln noch noch nicht um Explosivgeschosse handelte, sondern um massive Kugeln aus Metall oder Stein, Brandkugeln wurden Eingesetzt, um Häuser, Burgen, Festungen oder ganze Dörfer und Städte in Brand zu setzen. Es ist klar, dass der Sturm der Infanterie oft vorrangig den Stellungen der Batterien galt, um diese auszuschalten oder gar umzudrehen, um einem flüchtigen Heer „die Hölle heiß zu machen".

Die Verwundeten. Sie waren ein Kapitel für sich, nämlich ein äußerst trauriges! Denn das so genannte Sanitätswesen war in zweitausend Jahren nicht über seine Anfänge hinausgekommen. Zwar hat der Mensch in den Jahrhunderten immer mehr Erkenntnisse in Anatomie und Chirurgie gewinnen können, aber nicht die Menschheit als solche. Solange man Verwundete und Kranke nicht betäuben konnte und nicht begreifen wollte, dass erst einmal Reinlichkeit das oberste Gebot jeder chirurgischen Behandlung ist, solange war jeder Eingriff ein Spiel mit dem Tod. Das betraf kriegerische Verletzungen genauso wie Unfälle und Krankheitserscheinungen im normalen Leben: Blinddarmdurchbruch, Wundbrand, Blutvergiftung, Tumor, Bisse, Stiche, Knochenbrüche, Fingerabhacken, Fußtritte von Pferden und Stürze von Leitern, - nur eine kleine Auswahl aus dem täglichen Leben -, waren oft genug der Anfang vom Ende.

Das Sanitätswesen im 18. Jahrhundert zeichnete sich gegenüber der Vergangenheit immerhin aus, dass es Feldapotheken und eine Organisation gab, welche Zivilisten nicht zugestanden wurde: Ein Korps von etwas 30.000 Soldaten musste in der Theorie mit cirka 150 Ärzten und Sanitätern und zusätzlichem Nachschub wie Apothekenwagen auskommen. Es war auch vorgesehen, während einer Schlacht die Verwundeten aufzusammeln und zum Beispiel in die übliche Wagenburg zu bringen, die als Lazarettplatz diente. Aber Hand aufs Herz: Welcher Arzt und Sanitäter mochte den Mut haben, ins Schlachtgetümmel zu geraten, um Verwundeten aufzuhelfen, sie auf Tragen zu laden und wegzuschaffen! Viele Schlachten des Siebenjährigen Krieges zogen sich bis in die Abenddämmerung hin. Und die Hauptsache bei der Verwundeten-Versorgung war und ist neben der Sauberkeit die schnellstmögliche Behandlung der Verwundung.

Und dann lagen sie da, häufig genug in Dreck und Schlamm, schon durchnässt und unterkühlt, ausgeblutet, unter Schmerzen und sie wussten, „den morgigen Tag werde ich nicht überleben“. Spielfilme über diese Zeit haben uns drastisch vor Augen geführt, wie es herging auf dem Verbandssplatz. Brandige Gliedmaßen wurden wie auf einem Holzplatz abgesägt, „Bauch- und Lungenschüsse“ sowieso beiseitegelegt und alle Hilfskräfte vom Chirurgen bis zum Helfer sahen wie Mitarbeiter eines Schlachthofes aus. Schreien und Stöhnen erfüllte die Luft. Mit Tagesbeginn gingen die Sanitäter los, um vom Schlachtfeld herzubringen, was noch einigermaßen zu verarzten war. Schließlich hatte schon der Abtransport der Verwundeten in fliegende Lazarette oder ortsnahe Hospitäler begonnen. Dort war die Sterblichkeit so hoch, dass Bestatter mehr zu tun hatten als Ärzte.

Die Gefallenen. Auf dem unmittelbaren Schlachtfeld lagen nun die toten Soldaten zur Versorgung bereit, wie es so trefflich hieß. Anwohner, meist die Landwirte und Gutherren der Umgebung, waren teilweise aber nicht immer verpflichtet, sie unter die Erde zu bringen. Sie hatten ein Anrecht auf diese „Entschädigung“, weil ja diese königlichen oder kaiserlichen Soldaten ihre Felder verwüstet und im Sommer und Herbst gar die Ernte vernichtet hatten. Da gab es nicht nur eine königliche oder kaiserliche Belohnung, sondern auch ein gutes Geschäft zu machen: Nicht alle Tuche, Uniformen, Stiefel, Tornister und Decken waren verdorben, hatten wohl Löcher und Stichstellen von Säbeln und Kugeln, waren aber nach einer Wäsche und Reparatur oft ansehnlicher als die Kleidung kleiner und unfreier Bauern. Und noch einen Langzeiteffekt gab es, erwird nicht bei allen Schlachtbeschreibungen vermerkt: „Alles Fleischliche wird wieder zu Erde und Asche und lässt unterdessen nachfolgende Ernten üppiger ausfallen als sonst“.

Pontoniere. Es wurde viel marschiert im Siebenjährigen Krieg, sowohl auf „Friedrichs Kriegsschauplätzen“ als auch auf „unserem“ westlichen Kriegschauplatz. „So einfach Drauflosmarschieren“ und die Gelegenheit suchen, den Gegner zu stellen und an den Wickel zu gehen – so einfach war das nicht. Stellen wir uns die Landschaften vor, auf denen die bedeutendsten Schlachten stattfanden: Hohe Gebirge waren nicht dabei, Mittelgebirge, Anhöhen und beträchtliche Steigungen freilich genug – und da waren noch die vielen Ströme, Flüsse, breite und schmale Bäche und jene Rinnsale, die zwar zum Queren unbedeutend erschienen, aber den schweren Geschützen und Trosswagen große Schwierigkeiten boten.

Pontoniere ist ein Begriff, der aus dem lateinischen *pons*=Brücke gebildet ist und also Leute darstellt, die Brücken bauen; in allen Armeen der Weslt heißen sie heute

Pioniere. Zahlreiche Schlachten- und Kriegsschilderungen von A wie Alexander, C wie Cäsar, N wie Napoleon und R wie Remagen befassen sich mit dem Brückenbau oder anderen Möglichkeiten, Ströme und Flüsse mit tausenden von Soldaten und hunderten Transportwagen zu überqueren. „Unser" Kriegsschauplatz, den wir noch ausführlich beschreiben werden, war reich an Gewässern, deren Lauf der Mensch noch als gegeben hinnahm und nicht wie später selbst bestimmt hat. Nirgends außer in den Städten waren Fluss- und Bachlauf eingeengt und draußen im freien Land waren die Ufer meist äußerst sumpfig und teilweise unpassierbar für schweres Gerät. Es waren nicht die Kriege, welche zum Brückenbau drängten und ihn forderten, es war „Handel und Wandel", der diesen Fortschritt in Gang brachte.

Pontoniere bauten also feste Holzbrücken und provisorische Flussquerungen, eben Pontonbrücken. Jeder Gegner war besorgt, sie dabei durch Beschuss und plötzliche Überfälle zu behindern, so dass sie Schutz und Bewachung brauchten. Wenn ein Feldherr meinte, eine Brücke, die er just hatte errichten und von seinen Truppen queren lassen, sei besser abzubrechen oder abzubrennen, um Verfolgungen zu erschweren, so konnte sich das als schwerer Fehler erweisen – dann nämlich, wenn er geschlagen wurde und mit seinen Truppen wieder über den Fluss zurück wollte.

Die Freikorps. Die Betonung liegt auf **frei,** denn sie hatten mehr Freiheit des Tuns und Lassens als reguläre Truppen. 23 zusätzliche Korps hat der König von Preußen aufstellen lassen. Ein Bericht der Zeit lautet: Die Erpressungen und Räubereien, welche diese Männer und Partheygänger überall wo sie durchkamen und bey Contributions verübten, waren natürlich nur Nadelstiche im großen Geschehen. Doch immerhin: Die Österreicher überfielen einen preußischen Versorgungskonvoi 1758, der die Aufgabe der Belagerung von Olmütz die Folge hatte.

Die Jäger. Sie durften die Disziplin nicht so genau nehmen, denn sie machten auch Jagd auf die Führer der Truppen. Bekanntlich, Bilder der Zeit verdeutlichen es, gingen die Offiziere den Bataillonen voran und bildeten vortreffliche Ziele für „moderne“ Gewehre. Die „gezogenen“ Läufe ihrer Gewehre trafen noch auf 150 Meter ziemlich genau.

Doch Jäger waren auch Erkunder. „Nur ein Feldherr ist ein guter“, bemerkte Friedrich einmal, „und kann ein guter sein, der das Feld, welches sein Schlachtfeld sein soll, genau kennt.“

Die Infanterie. Wir haben sie bisher fast vergessen, „das Herz einer Armee“, zumal auch sie sich in verschiedene Zweige aufspaltet. Die Infanterie ist es, die Mann gegen Mann gegen Mann kämpfte wie früher die Legionäre der Römer. Sie muss nicht nur erobern, sondern auch das Gewonnene erhalten, besetzen und bevölkern. Sie kämpfte in unserer fraglichen Zeit in der so genannten Lineartaktik, welche sich gegen Ende des 17. Jahrhunderts herausgebildet hat. Sie war im Schießen ausgebildet, konnte aber auch seit der Einführung des aufsteckbaren Bajonetts stechen und fechten. Das Ziel ihres Einsatzes war sogar, dem Feind gleichzeitig schießend und ladend so mutig entgegen zu marschieren, dass den das Grauen packte und er die Flucht ergriff – klar, dass, wer am schnellsten schoss im Vorteil war.

Und dieses schnelle Schießen wurde daheim auf dem Exerzierplatz geübt auf Teufel komm raus! Und die späteren Schilderungen darüber überboten sich ebenso. So mochten in Übungen drei Schüsse in der Minute erreicht werden, doch der Ernstfall ließ nur in Ausnahmen zwei zu. Es gab 8 Befehle fürs Laden, sie lauteten und wurden beim Exerzieren laut ausgerufen:
1.) Nehmt die Kartusche und beißt sie ab. 2.) Zum Laden auf die linke Seite. 3.) Den Stock in den Lauf. 4.) Stopft. 5.) Den Stock an seinen Platz. 6.) Macht euch bereit. 7.) Legt an. 8.) Im Gleichgewicht.
Das klingt alles sehr einfach und war es bei Übungen auch. Doch im Gefecht!

Ein ungenannter Grenadier hat nach der letzten entscheidenden Schlacht, nämlich die von Torgau, bei der er schwer verwundet wurde, dem Oberst von Rohdich einen Bericht verfasst, welcher einer schaurigen Realität näher kommt als einer Erzählung:
„Wir gingen in schnurgerader Linie gegen den Feind, der, zu unserem Glück, keine leichten Kanonen mitführte. Die Gewehre waren geladen, auch der Feind versuchte in korrekter Ordnung gegen uns zu gehen, es waren noch 30 Schritt zu gehen – halt!, legt an und Feuer! Wir waren schneller als die österreichischen Kroaten, die nach unserer ersten Salve fielen wie Äpfel vom Baum. Die stehen blieben, schossen auf uns, die wir wieder luden, und links und rechts von mir stürzten Kameraden ins Laub. Da schossen wir zum zweiten Mal in die inzwischen näher gekommene zweite Linie, deren größter Teil schreiend niederstürzte. Mit dem Bajonett auf sie, befahl unser Offizier, der wenig

später eine Vollkugel vor die Brust geknallt bekam, so dass sein Mädel aus dem Dorf frühe Witwe wurde – da wurden wir handgemein. Gemein war auch, dass man einem Menschen beim Bajonettkampf ein Messer in die Brust jagte, seine Halsschlagader durchtrennte oder den Bauch öffnete – er war erledigt, weil niemand befugt war, ihm zu helfen. Ich war einen Moment abgelenkt, als ein Bajonett kurz vor meinem Gesicht auftauchte – oh Mama – ich ließ mich fallen, so dass meine Grenadiermütze ein Loch bekam, ich aber von unten den Täter in den Magen stechen konnte. Gut so!, rief unser Offizier – es waren seine letzten Worte, denn eine Kartätsche fuhr ihm mitten ins Gesicht...Der Gegner wich, unsere kleine Artillerie und ein Kompanie Dragoner verfolgte ihn – aber zu einer geballten Verfolgung kam es selten – alle, auch die armen Pferde, waren außer Atem – lass ziehen dahin: die nächste Schlacht kommt gewiss... Am Abend, beim Lagerfeuer, sang ein Kamerad, der schreiben, Querflöte blasen und dichten konnte, ein trauriges Lied: Eine Kugel kam geflogen, galt sie mir oder galt sie dir...?“

Das Pelotonfeuer der Infanterie. Es wurde erfunden, um beim Gegner, der ja damals ziemlich dicht vor den Feuernden stand, den Eindruck zu erwecken, als schieße und lade man ununterbrochen. Der schwedische König Gustav II. Adolf soll es schon 1631 in der Schlacht bei Breitenfeld eingesetzt haben. Andere europäische Armeen folgten, noch bei Waterloo schoss man so, bis neue Waffen diese Taktik überflüssig machte. Sie war aber „maßgeschneidert“ für die preußische Lineartaktik in unserer fraglichen

Zeit, und Friedrich setzte alles daran, dass seine Armee ihr Meister sei.

Das Wort Peloton stammt aus dem Französischen und bedeutet „kleiner Haufen“ und „Knäuel“ und im Militärischen „kleine Truppeneinheit“. Es sind einige Varianten bekannt geworden:

1.) Das einfache Feuer, bei dem eine Einheit am Rand der Aufstellung eine Salve abgab. Ihre benachbarte schoss danach, dann die dritte, vierte und so weiter, so dass der Eindruck dauernder Knallerei entstand, die sich, der Lineartaktik entsprechend, vom einen Flügel bis zum nächsten fortsetzte. Je nach Frontlänge hatte das erste Peloton dann nachgeladen und konnte die Schießerei fortsetzen. In der preußischen Armee schossen jeweils abwechselnd die gradzahligen und ungradzahligen Pelotons.

Bei Übungen klappte natürlich alles ausgezeichnet. Doch schoss ein Gegner zurück, gar mit Artillerie, löste sich die Ordnung schnell auf. Geschah dies nicht, vermochten es die Angreifer oft nicht, den Beschuss auszuhalten und sie wandten sich zur Flucht.

Die Grundlage der Gefechtsausbildung war das Pelotonfeuer. Zum Schießen fiel das erste Glied auf das rechte Knie, so dass das 2te Glied den rechten Fuß vom 1sten Gliede zwischen den Beinen hat. Das 3te Glied hingegen muss in die Lücken vom 2ten Gliede einrücken, darauf wohl gesehen werden soll, denn, wenn solches nicht geschiehet, die Kerle sich allemahl verbrennen…

Das Bajonett. Das Bajonett blieb beim Exerzieren jetzt stets auf dem Gewehr.

„Es muss ein jeder Officier, Unter-Officier und Gemeiner sich die feste Impression machen, daß es in der Action auf nichts ankomme, als wie den Feind zu zwingen, von dem Platze wo er stehet, zu weichen; Deshalb die gantze Gewinnung der Bataille darauf ankommt, daß man nicht sonder (ohne) Ordre stille stehet, sondern ordentlich und geschlossen gegen den Feind avanciret und chargiret (schießt)...“
Friedrichs politisches Testament erwähnt die Bedeutung des Angriffs mit der blanken Waffe:
„Diese Größe (der Kerls) ist nötig, denn die großgewachsenen Leute sind kräftiger als die anderen. Keine Truppe auf der Welt könnte ihrem Angriff mit aufgepflanztem Bajonett widerstehen.“
Intensivere Übungen des Bajonettangriffs haben aber erst ab 1755 stattgefunden. (Erinnern wir uns seines Vaters, des so genannten Soldatenkönigs, der „Lange Kerls“ suchte und bevorzugt einstellte, weil sie mit dem Ladestock angeblich schneller schießen konnten als normalgroße Soldaten. Jetzt suchte sein Sohn, ebenfalls ein Soldatenkönig, große Grenadiere, weil sie besser mit dem Bajonett umgehen könnten.) Seine Herkunft ist nicht geklärt, es wird wohl zuerst als Jagdwaffe zum Abstechen des wilden Ebers benutzt worden sein, seinen Namen hat es von der Stadt Bayonne.

Das Exerzieren. Bedenken wir beim Lesen des Folgenden, dass es meist völlig „unbedarfte“ junge Männer waren, die sich zum Militär meldeten. Ihr König war von seinem Vater, Friedrich Wilhelm I., selbst dressiert und für unfähig zum Soldatenstand erklärt worden, und wurde dann doch zum

Lehrmeister Nummer Eins der Armee. Da er nicht nur gern redete, sondern auch schrieb, verfasste er die Regeln zur Ausbildung selbst – sie klingen heute eher merkwürdig als komisch. Hier ein paar Kostproben:

„Die Grenadiers sollen aus dem 3ten Gliede ausgesuchet werden, und müssen lauter Kerls seyn, welche gut marschiren können, nicht über 35. Jahre alt sind, woll (wohl) aussehen nemlich nicht kurtze Nasen, magere oder schmale Gesichter haben, dahero in keinem Grenadier Zuwachs seyn muß...“

Dem neuen Rekruten wurde zunächst eine neue Körperhaltung beigebracht:

„Das erste im Exerciren muß seyn, einen Kerl zu dressiren, und um ihm das air von einem Soldaten beyzubringen, daß der Bauer heraus kommt, wozu gehöret, daß einem Kerl gelernet wird: Wie er den Kopf halten solle, nemlich selbigen nicht hangen lasse, die Augen nicht niederschlage, sondern unterm Gewehr mit geradem Kopf über die rechte Schulter nach der rechten Hand sehe, und im Vorbeymarchiren einen in die Augen sehe. Daß ein Kerl den Leib gerade in die Höhe halte, nicht hinterwärts überhänge, und den Bauch voraus stecke, sondern die Brust wohl vorbringe und den Rücken nur einziehe.“

Österreichisches 24-Pfünder Batteriestück von 1756

Preußischer 12-Pfünder

Preußisches 24-pfündiges Feldgeschütz, das sich bei Leuthen bewährte.

Preußischer Dreipfünder, ein sogenannten Regimentsstück. Die Geschützbedie nung bestand aus acht Mann, das Geschütz wurde von Pferden gezogen.

Preußisches 12-pfündiges Feldgeschütz. Hiervon gingen kurz vor Leuthen i Breslau viele Stücke verloren.

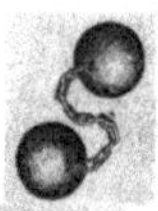

Kettenkugeln. Wenn sie in die geschlossenen Reihen der Infanteristen und der Kavallerie flogen, rissen sie große Lücken.

Papierpatrone, die Pulverladung und Kugel enthält.

Preußischer 12-Pfünder

Preußisches 24-pfündiges Feldgeschütz, das sich bei Leuthen bewährte.

Österreichisches 24-Pfünder Batteriestück von 1756

Darstellung des schwierigen Vorgangs des Gewehrladens durch Angehörige verschiedener österreichischer Regimenter - »Accurate Vorstellung der sämtlichen Kayserlichen und Königlichen Armee«, veröffentlicht 1762 in Nürnberg:

1 »Nehmt die Kartusche«
2 »Zum Laden auf die linke Seite«
3 »Den Stock in den Lauf«
4 »Stopft«
5 »Den Stock an seinen Platz«
6 »Macht euch bereit«
7 »Legt an«
8 »Im Gleichgewicht«

Infanterie-Regiment Nr. 10, Gottlob Ernst von Pannwitz, stürmte mit der Garde den Kirchhof von Leuthen, verlor 12 Offiziere und 741 Mann.

Abb. rechts: Infanterie-Regiment Nr. 6, Wolf Friedrich von Retzow, »Wunder an Tapferkeit bei der Erstürmung des Kirchhofes«.

Sechzehn Regimenter, die sich in der Schlacht von Leuthen besonders ausgezeichnet haben.

Infanterie-Regiment Nr. 13, August Friedrich von Itzenplitz, eröffnete als »Spitze des Schwertes« die Schlacht von Leuthen.

53

Preußische Handwaffen. Von links nach rechts: Offiziersponton, Kurzgewehr, Pike und Kurzgewehr.

25

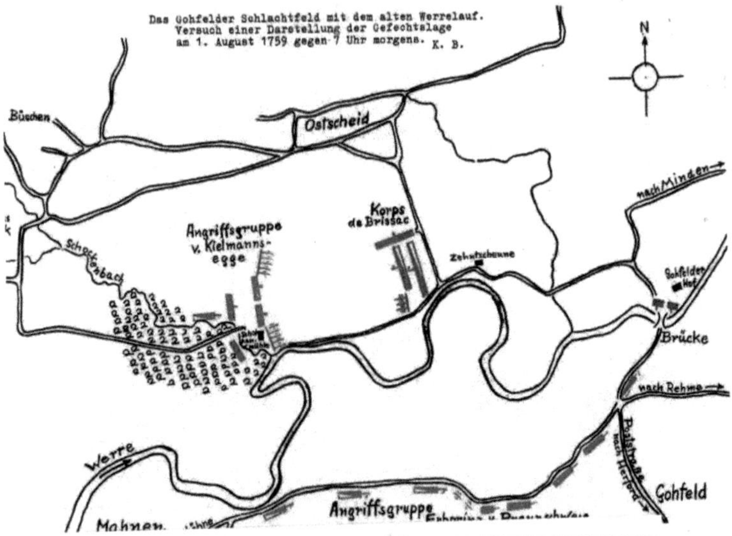

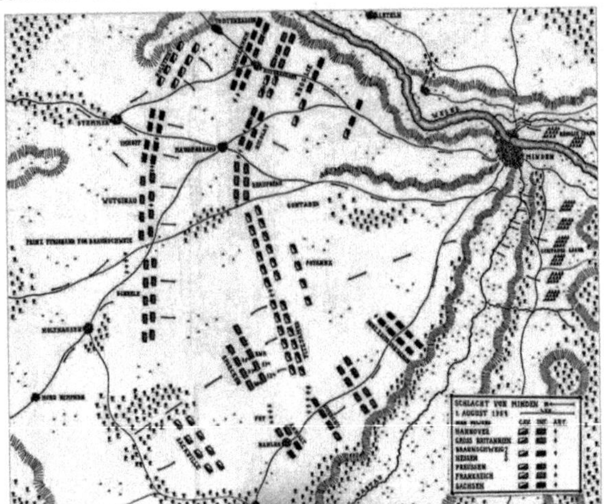

Map of the Battle of Minden on 1st August 1759 in the Seven Years War: map by John

Preußischer Dreipfünder, ein sogenanntes Regimentsstück. Die Geschützbedienung bestand aus acht Mann, das Geschütz wurde von Pferden gezogen.

Preußisches 12-pfündiges Feldgeschütz. Hiervon gingen kurz vor Leuthen in Breslau viele Stücke verloren.

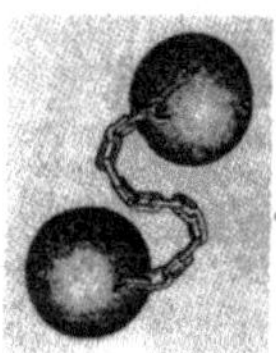

Kettenkugeln. Wenn sie in die geschlossenen Reihen der Infanteristen und der Kavallerie flogen, rissen sie große Lücken.

Papierpatrone, die Pulverladung und Kugel enthält.

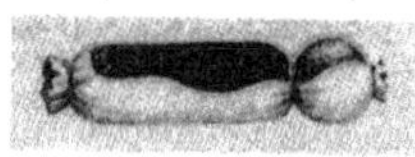

Einer der schwersten Vorderlader der Geschichte

Friedrich II. mit seinen Offizieren der Kavallerie

Bayreuth-Dragoner (1732 bis 1746). Gemälde von G. Krickel.

Preußische Infanterie beim Angriff in der Schlacht von Hohenfriedeberg.

Nach der Schlacht: Die Bayreuth-Dragoner mit den erbeuteten Fahnen im Vorbeiritt vor Friedrich.

Österreichisches 24-Pfünder Batteriestück von 1756

Preußischer 12-Pfünder

Preußisches 24-pfündiges Feldgeschütz, das sich bei Leuthen bewährte.

Preußischer Dreipfünder, ein sogenanntes Regimentsstück. Die Geschützbedienung bestand aus acht Mann, das Geschütz wurde von Pferden gezogen.

Preußisches 12-pfündiges Feldgeschütz. Hiervon gingen kurz vor Leuthen in Breslau viele Stücke verloren.

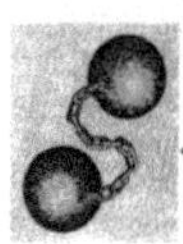

Kettenkugeln. Wenn sie in die geschlossenen Reihen der Infanteristen und der Kavallerie flogen, rissen sie große Lücken.

Papierpatrone, die Pulverladung und Kugel enthält.

Fahne von Infanterie-Regiment 40.

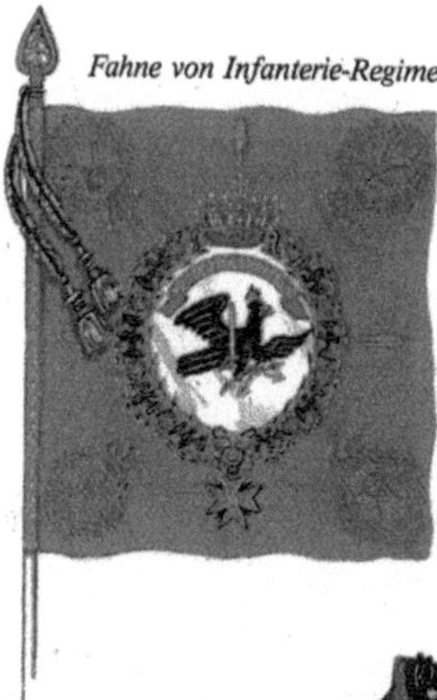

Infanterie-Regiment Nr. 40, Johann Friedrich von Kreytzen, Einsatz am rechten Flügel der Avantgarde.

Kürassier-Regiment Nr. 1, Hans Caspar von Krockow, Einsatz in Driesens erstem Treffen.

Friedrich während seiner Rede an seine Offiziere am 3. Dezember. Vordere Reihe von rechts nach links: Generalmajor Lentulus; Generalmajor Fouqué; General Moritz von Anhalt-Dessau; Friedrich; Generalleutnant Zieten; Generalmajor Schmettau. Nach einem Gemälde von Richard Knötel.

Die preußische Infanterie greift an. Nach einem Gemälde von Anton Hoffmann.
Ein unbekannter preußischer Korporal vom Regiment Meyerinck berichtete: »...die preußische Armee marschierte, von lauter Musik begleitet, als ob es zu einer Parade ging. Die Marschordnung war so perfekt wie bei einer Revue in Berlin, marschierte man doch unter den Augen des Monarchen.«

Die Schlacht von Leuthen. Nach einem Gemälde von C. Röckling.

Preußische Artillerie. Nach einem Gemälde von Richard Knötel.
Technische Angaben über die Artillerie der Zeit: Die Feldgeschütze verschossen Eisenkugeln von 1,4 bis 20 Kilo Gewicht 1.200 bis 3.000 Meter weit in einer Schußfolge von zwei bis drei in der Minute; die Haubitzen verschossen 7 bis 30 Kilogramm schwere Eisenkugeln 1.000 bis 1.500 Meter weit in der gleichen Schußfolge. Geschossen wurde meist aus viel kürzeren Entfernungen.

Patronentasche

Kürass für schwere Reiter

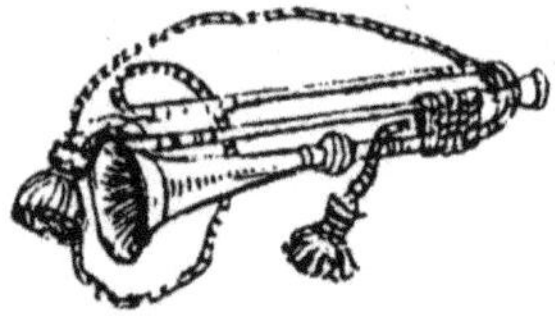

Kürassier-Trompete

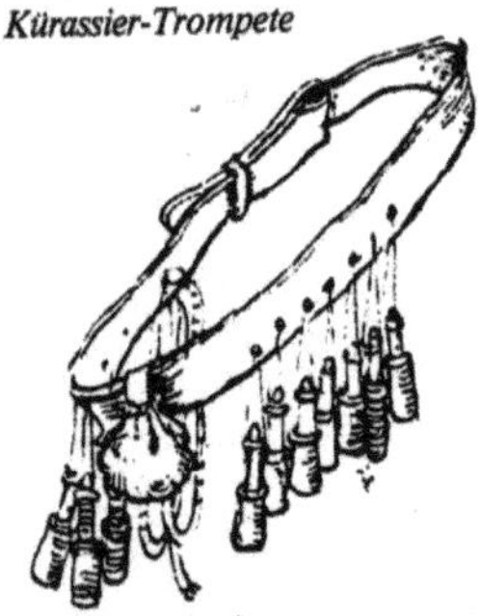

Bandelier mit Lademaßen für Pulver

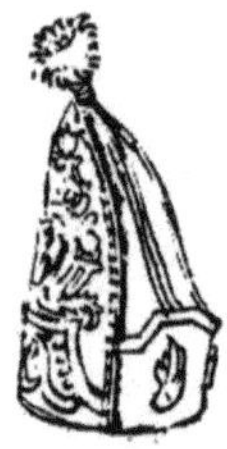

Helm der Grenadiere

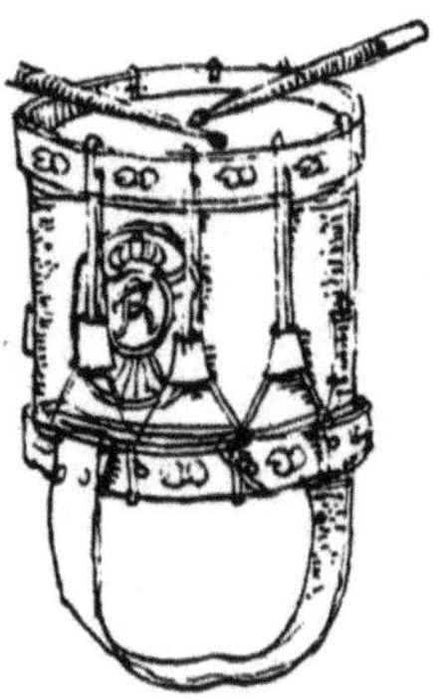

Infanterie-Trommel

Dragonerwaffen

Die Ausrüstung der Soldaten

Wen auch nur die kleinste Kanonenkugel traf, der war gefallen. Große rissen ganze Lücken in die Regimenter und Mauern und Häuser ein

51st Foot attack the French Horse at the Battle of Minden 1st August 1759 in the Seven Years War

Schlacht bei Minden
am 1. August 1759.

Bei Minden im Weser-Gelände
Wol Deutsche und Britten gesellt,
Auf's Neue französischem Heere
Sich haben entgegen gestellt.

Vom Rheine zur Weser gewichen,
Verloren was Sieg einst gewann,
Gilt heut' es, die Ehre zu lösen,
Zu brechen den feindlichen Bann.

Alt-Sachsen und Angeln und Chatten,
Ihr edelen Stämme im Bund',
O haltet am Ruhme und gebet
Den Adel des Blutes stets kund!

Es sind ja dieselben Gefilde,
Die Armins Erlösung geschaut.
Als damals in römischen Tagen
Germanen sich hatten getraut.

Und wie sie getreulich verbunden
Auch heute, der Vorfahren wert,
So winden Idise*) die Kränze
Und weihen den Helden das Schwert.

Hannovers und Engelands Krieger
Dort schreiten geschloßen heran;
Hier stürmen die Hessen begierig
Und zeichnen mit Blute die Bahn.

Die Reiter-Geschwader dort wichen
Des Fußvolkes ehrener Wand;
Hier grüßen französische Stücke
Und schmettern die Stürmer in Sand.

Es wurde viel gedichtet auf Schlachten und Siege

Kürassier-Regiment Nr. 4, Friedrich Leopold von Geßler, Einsatz beim flankierenden Schlußangriff Driesens.

Dragoner-Regiment Nr. 1, Carl Ludwig von Normann, nahm bei Leuthen 11 Offiziere und 800 Mann gefangen.

73

Husaren-Regiment Nr. 6, Carl Gustav von Soldan. Schlug die sächsische Kavallerie und das abgeschnittene Grenadier-Korps.

Husaren-Regiment Nr. 5, Joseph Theodor von Ruesch. Schlug die sächsische Reiterei am rechten Flügel in die Flucht.

Oben: Noch auf dem Schlachtfeld versuchte man Verwundeten zu helfen

Bei Minden schlugen Engländer (l.), Hannoveraner und Hessen die verbündeten Franzosen und Sachsen schwer

Der vorletzte Besuch Friedrichs des Großen in Minden. Er fand im Juni 1763, wenige Monate nach Beendigung des Siebenjährigen Krieges, statt. Foto: Hans-Jürgen Amtage | Sammlung Mindener Museum

m 18. Jahrhundert war Minden Schauplatz der Weltgeschichte: Die Schlacht bei Minden am 1. August 1759 gilt als das zentrale Ereignis c

Ein preußischer Reichsscheffel von cirka 50 Litern

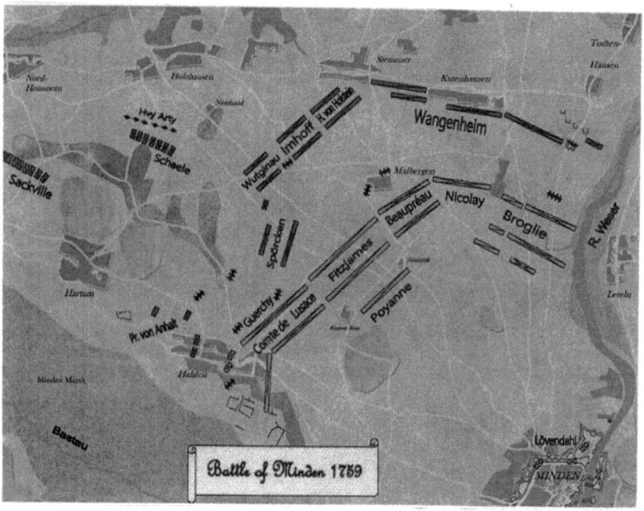

Das 1859 zum Schlachtjubiläum errichtete Denkmal in Minden

Bajonette: Erstes und zweites aus Frankreich, rechts ein Spundbajonett, zweites von rechts Ein mittelalterliches

Das Leben

ist kurz!
Brich die Regeln
vergib schnell
küsse langsam
liebe wahrhaftig
lache unkontrolliert und
bereue nicht,
was dir ein Lächeln
geschenkt hat

Mark Twain

„DAS IST UNMÖGLICH",
SAGT DIE ANGST.
„ZU VIEL RISIKO",
SAGT DIE ERFAHRUNG.
„MACHT KEINEN SINN",
SAGT DER ZWEIFEL.
„VERSUCHS",
FLÜSTERT DAS HERZ.

Zwei „Aussprüche" zum Leben

Zwei der bekanntesten Bilder der Schlacht: Oben ein echtes Gemälde, unten die Nachbildung britischer Regimenter

Die Schlacht von Minden war ein gro?er Eingriff wahrend des Siebenjahrigen Krieges kampfte am 1. August 1759. Eine deutsch-englische Armee unter dem Oberbefehl des preu?ischen Feldmarschall Ferdinand von Braunschweig besiegte eine Franzosisch Armee von kommandierte Marschall von Frankreich, Marquis de Contades. Zwei Jahre zuvor hatten die Franzosen eine erfolgreiche Invasion in Hannover gestartetund versucht,den alliierten Nationen Gro?britannien, Hannover und Preu?en einen unpopularen Friedensvertrag aufzuzwingen.Nach einem preu?ischen Sieg bei Ro?bach, und unter demDruck von Friedrich dem Gro?en und William Pitt, Konig Georg II desavouiert den Vertrag.1758 starteten die Alliierten eine Gegenoffensive gegen die franzosischen und sachsischen

Streitkrafte und trieben sie uber den Rhein zuruck.

Nachdem die Alliierten die Franzosen nicht besiegen konnten, bevor die Verstarkung ihre sich zuruckziehende Armee anschwoll, starteten die Franzosen eine neue Offensive und eroberten am 10. Juli die Festung Minden.Contades glaubte, dass Ferdinands Streitkrafte uberfordert waren, und gab seine starken Positionen rund um die Weser auf und ruckte vor, um die alliierten Streitkrafte im Kampf zu treffen.Die entscheidende Aktion der Schlacht kam, als sechs britische und zwei hannoversche Infanterieregimenter in Linienformation wiederholte franzosische Kavallerieangriffe abwehrten;entgegen aller Befurchtungen, dass die Regimenter gebrochen wurden.Die alliierte Linie ruckte nach dem gescheiterten Kavallerieangriff vor, schickte die franzosische Armee vom Feld und beendete fur den Rest des Jahres alle franzosischen Plane fur Hannover.

Hier ein Originalbericht der Schlacht

Wovon wurde alles bezahlt? Vom König von Preußen in „Guten Groschen“

„Friedericus Rex und 8 Gute Groschen“

Portrait des Militärschriftstellers und Sohns des Fürsten Leopold I. von Anhalt-Dessau Georg Heinrich von Berenhorst (1733-1814)

Marschall Louis-Georges-Erasme de Contades, der Oberbefehlshaber der französisch-sächsischen Armee der Schlacht von Minden

Friedrich Wilhelm von Rohdich war als Oberst der Infanterie zur Berichterstattung vom König von Preußen nach Minden geschickt worden, wurde aber erst später berühmt. Sein Name lebt heute weiter in der „von Rohdich'schen Legaten-Stiftung" des Hauses Pariser Platz 3 zu Berlin.

Zwei der bekanntesten Darstellungen Friedrich II.

So exerzierten preußische Regimenter

Rule Britannia
When Britain first, at Heav' n's command,
Arose from out the azure main,
This was the charter of the land,
and guardian angels sang this strain.

Rule Britannia! Britannia rule the waves;
Britons never will be slaves.

The nations not so blest as thee,
Must in their turns to tyrants fall;
While thou shalt flourish great and free,
The dread and envoy of them all.

Rule Britannia...

Als Britannien erstmals auf Geheiß des Himmels
aus der blauen See entstieg,
war dies die Gründungsurkunde dieses Landes.
Und Schutzengel sangen diese Melodie:

Herrsche Britannia! Britannia beherrsche die
Wellen!
Briten werden niemals Sklaven sein!

Die Nationen, die nicht so gesegnet sind wie du,
werden mit der Zeit Tyrannen anheimfallen,
während du sollst blühen groß und frei,
ihr aller Furcht und Neid.

So sangen die an der Schlacht beteiligten britischen Regimenter

Geschichte

des

siebenjährigen Krieges.

Ein Beitrag zur deutschen Geschichte der Jahre 1740—1763

von

F. R. Paulig.

Vierte Auflage.

Frankfurt a. O.

Im Selbstverlage des Verfassers.

1871.

Es gab viele Abhandlungen der Schlacht

GESCHICHTE

DER FELDZÜGE

DES

HERZOGS FERDINAND

VON BRAUNSCHWEIG-LÜNEBURG.

BAND II.

Der Bote Lohrmann wird in unserem Werk ausführlich erwähnt

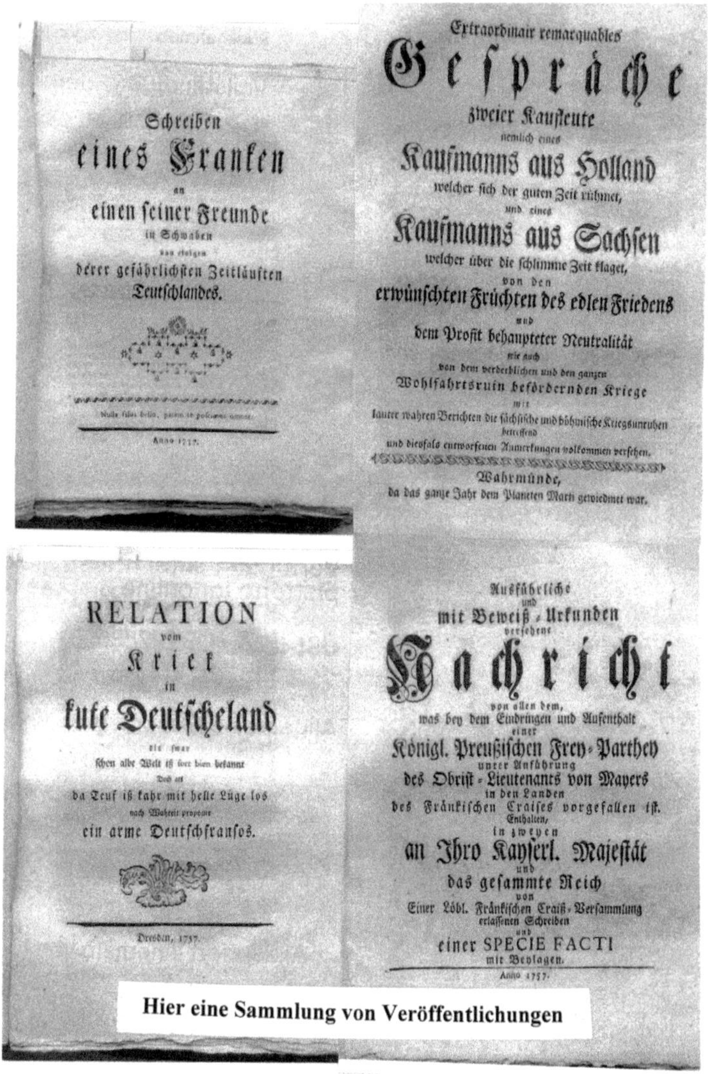

Schreiben
eines Franken
an
einen seiner Freunde
in Schwaben
von Folgen
derer gefährlichsten Zeitläuften
Teutschlandes.

Anno 1757.

Extraordinair remarquables
Gespräche
zweier Kaufleute
nemlich eines
Kaufmanns aus Holland
welcher sich der guten Zeit rühmet,
und eines
Kaufmanns aus Sachsen
welcher über die schlimme Zeit klaget,
von den
erwünschten Früchten des edlen Friedens
und
dem Profit behaupteter Neutralität
wie auch
von dem verderblichen und den ganzen
Wohlfahrtsruin befördernden Kriege
mit
lauter wahren Berichten die sächsische und böhmische Kriegsunruhen
betreffend
und diesfals entworfenen Anmerkungen volkommen versehen.
Wahrmünde,
da das ganze Jahr dem Planeten Marti gewiedmet war.

RELATION
vom
Kriek
in
kute Deutscheland
die swar
schon albe Welt iß fort bien bekannt
Doch ats
da Teuf iß kahr mit helle Lüge los
nach Wahreit propoßir
ein arme Deutschfransoß.

Dresden, 1757.

Ausführliche
und
mit Beweiß-Urkunden
versehene
Nachricht
von allen dem,
was bey dem Eindringen und Aufenthalt
einer
Königl. Preußischen Frey-Parthey
unter Anführung
des Obrist-Lieutenants von Mayers
in den Landen
des Fränkischen Craises vorgefallen ist.
Enthalten,
in zweyen
an Ihro Kayserl. Majestät
und
das gesammte Reich
von
Einer Löbl. Fränkischen Craiß-Versammlung
erlassenen Schreiben
und
einer SPECIE FACTI
mit Beylagen.
Anno 1757.

Hier eine Sammlung von Veröffentlichungen

Auch Herzog Ferdinand wurde durch die Literatur bekannter als er vorher war

König Georg II. im Krönungsornat

Der im Text auftretende Georg Friedrich von Tempelhoff

Karl Wilhelm Ferdinand von Braunschweig, 1735—1806, Erbprinz, seit 1780 regierender Herzog

Land und Leute vor der Schlacht

Fast alle Schlachtbeschreibungen der Geschichte gefallen sich darin, Feldherren, Generäle, Offiziere, ihre Soldaten und den Verlauf von Kämpfen ausführlich darzustellen – als wenn nur **sie** die ganzen Leidtragenden wären! Auch werden bevorzugt Zerstörungen der Städte und Dörfer beschrieben: Stadttore sind aufzubrechen, Befestigungen zu beschießen, Mauern zu erstürmen und Garnisonen zu erobern.

Aber inmitten all dieser Ereignisse in Stadt und Land lebten Menschen, welche noch vor ein paar Wochen von jenem Krieg, den ihr Landesherr führte, so gut wie nichts wussten, und das fanden sie gut so. In einer Stadt wie Minden, die sich freilich Festung nennen durfte und schon mit ihren 5.000 oder 6.000 Bewohnern damals eine mittlere Stadt war, blühten in ruhigen Zeiten Handel, Kleinindustrie, Gewerbe und – nicht zu vergessen – Viehhaltung und alle Arten des Handwerks, der Kleinindustrie und der Gartenwirtschaft. Auch gab es königliche Behörden und Ämter, deren Mitarbeiter nichts erzeugten und doch durchgefüttert werden mussten.

Im Großen und Ganzen ging es der Stadt- und Landbevölkerung des 18. Jahrhunderts besser als ihren Generationen vorher in den Kriegen des 13. bis 16. Jahrhunderts. Damals krähte kaum ein Landesherr danach, wie seine eigenen Soldaten die Zivilisten hernahm und Land und Leute „verheerten". Jetzt, in den Kabinetts-Kriegen des 18. Jahrhunderts, war das im Prinzip anders, also besser, Soldaten gehorchten mehr als früher, wurden – in der Tat oder auch nicht – ausreichend versorgt und hatten Order (Befehl), „unnötige" Plünderungen zu unterlassen. Nicht nur in

Preußen hatten die Offiziere ihre Truppen fester in der Hand und wurden die Strafen für Vergehen drastischer durchgesetzt; wir berichteten darüber schon.

* * * * * *

In den beiden vorigen Schlesischen Kriegen hatten die westlichen Provinzen Preußens nichts gelitten, denn Frankreich und Preußen waren Verbündete und Friedrich II. von Preußen konnte die Kriege „nach draußen“ tragen – er hatte sowieso keinen weiteren Krieg im Sinn, denn er fühlte sich noch einmal davongekommen und ein Krieg mit dem von ihm hochangesehenen Frankreich schien ihm ausgeschlossen. Dann kam er doch, dieser Krieg, von ihm zwar begonnen, aber er war gewiss auf Zeit unvermeidlich: Maria Theresia, die Kaiserin des Heiligen Römischen Reiches Deutscher Nation, konnte den Verlust Schlesiens trotz aller Verträge nicht hinnehmen. Friedrich träumte davon, den Krieg durch ein paar siegreiche Schlachten beenden zu können, ehe die schwerfällige Kriegsmaschinerie Frankreichs sich in Bewegung setzen konnte; sein Kalkül ging nicht auf.

So erfasste dieser Krieg im Frühjahr 1757 das Gebiet des preußischen Fürstentums Minden – so die offizielle Bezeichnung – schneller als von Friedrich erwartet. Über die militärische und politische Bedeutung dieser neuen Lage berichten wir in einem separaten Kapitel; hier geht es mehr um die wirtschaftliche Bedeutung und die Folgen für die Bevölkerung. Für etwa drei Jahre wird es für den Raum des Fürstentums Minden wirtschaftlich kritische Zeiten geben. Man muss wissen und verstehen, dass Besatzer seit vorgeschichtlichen Zeiten immer und immer wieder bis in unsere Tage hinein vom eroberten Gebiet leben wollen. Wenn da plötzlich 50.000 oder 100.000 Menschen zusätzlich wohnen, essen und trinken wollen, mag das für manche Zeitgenossen ein lukratives Geschäft werden, aber Beschlagnahmungen von Saatgetreide zum Beispiel ließ für das nächste Jahr eine Hungersnot zu erwarten:

„Wo nicht gesät wird gibt es auch keine Ernte!"

Schon Mitte Juni 1757, der neue Krieg war noch nicht ein Jahr alt, bekamen die preußischen Westprovinzen den Einmarsch französischer Armeen zu spüren. Weil Friedrich den über den Rhein anrückenden Franzosen nicht selbst mit einer Armee Paroli bieten konnte, glaubten diese und die kaiserliche Verwaltung nun freie Hand zu haben, erhöhte Forderungen zu stellen. Nach geltendem Kriegsrecht war das zulässig, jedoch nicht die Drohungen, „das Land zu verheeren und zur Plünderung freizugeben".

Noch vor Minden erwischte es die Grafschaft Ravensberg, ebenfalls in preußischem Besitz. „Kontribution" nannte man die Forderung von sofortiger Geldzahlung an die Besatzer. Die Drohung mit „Verheerung" war ein zweischneidiges Schwert, denn der Bedrohte, hier der König von Preußen, beantwortete sie seinerseits mit der Ankündigung, „sich in Böhmen und Sachsen schadlos zu halten". Hier, in unserem aktuellen Fall, musste die Grafschaft Ravensberg fast 150.000 Taler und noch einige Sonderabgaben zahlen.

Diese gezahlten Kontributionen bewirkten häufig, dass die Besatzer starkes Interesse daran hatten, das Land wirtschaftlich nicht zu ruinieren. Schließlich hatte man vor, bis zu einem baldigen Friedensvertrag zu bleiben oder das

Land zugesprochen zu bekommen. Neben Geldleistungen ging es auch stets um die wichtigen Sachleistungen: Die Soldaten mussten essen und trinken, die Pferde ebenfalls, alle wollten so bequem wie möglich unterkommen und in dieser Fourage gab es seit antiker Zeiten die Mogler, Schummler, Unterschlager und andere Betrüger. So regte sich Friedrich mehr künstlich als ehrlich darüber auf, dass der Kaiser, Maria Theresias Ehemann, sowohl mit seiner eigenen als auch mit der preußischen Armee Lieferungs-Geschäfte machte.

Wir haben schon von den Proviant-Magazinen geschrieben, die von jeder vorsorglichen Armee angelegt werden mussten. Friedrich war in dieser Beziehung immer vorsorglich; die nun einmarschierenden Franzosen weniger. Sie waren überhaupt überrascht, die westlichen Besitzungen Preußens leichterhand eingenommen zu haben, zum Beispiel die Stadt Wesel. Alle preußischen Westprovinzen sollen bis zum Herbst 1757 15 Millionen Livres an Kontributionen gezahlt haben, davon Minden 600.000.

Wie allgemein seit ewigen Zeiten und heute noch üblich pflegte die Bevölkerung bedrohter Gebiete rechtzeitig zu flüchten und soviel an Geld und Wertsachen mitzunehmen, wie sie schaffen konnte. Dieses Verhalten war durchaus für Stadt und Land gefährlicher als kurzzeitige Verwüstungen und Ausplünderungen. Die in dieser Beziehung erfahrene rechtsrheinische Bevölkerung kannte das alles seit dem Dreißigjährigen Krieg. Schon ab April 1757 hatten viele Bewohner, darunter die gut informierten Beamten der preußischen Behörden, Minden mit ihren Wertsachen zu verlassen oder diese woanders zu deponieren. Und wenn die Oberen flüchten, mögen die Unteren nicht bleiben!

Zu ihnen zählten die Bauern und Landwirte von Gutsbesitzern bis zu Unfreien. Sie haben von altersher Erfahrung im Verstecken und Unsichtbarmachen von Vermögen wie Ernten, Bargeld und Vieh. Gefährliche Moore gab's hier überall, dazu unzugängliche Wälder und andere Verstecke. Wer blieb, riskierte es, von den Besatzern zu Transportzwecken rund um die Uhr und ohne Lohn vereinnahmt zu werden. Seine Pferde wurden von der Armee requiriert, sein Vieh wie Rinder und Schweine wurde weggetrieben oder an Ort und Stelle geschlachtet und aufgegessen. Die für ein Arbeitspferd tägliche Ration von Heu, Hafer, Futterrüben und Wasser und seine sonst vom Eigentümer geleistete Pflege entfielen meistens, so dass die Tiere nach wenigen Tagen zusammenbrachen.

Dass unter diesen Umständen, - wie bereits geschildert -, die Feldbestellung einen Sommer lang auf der Strecke blieb, ist selbstverständlich; über die Folgen haben wir ebenfalls berichtet. Diese blieben noch jahrelang bedeutsam, denn wo nicht gedüngt wird, wächst auch nichts ausreichend genug. Wenn, wie bei den Franzosen und der so genannten Reichsarmee, Kontingente des Reiches gegen Preußen, das Fouragewesen zeitweise drunter und drüber ging und die Soldaten mit knurrenden Mägen kämpfen sollten, weigerten sie sich zu Recht. Entweder desertierten sie oder gingen auf eigene Faust los, „was zum Fressen" zu besorgen. Welch ein Festessen dann, wenn es gelang, ein gegnerisches Magazin zu erobern oder einen Versorgungstross von ein paar Kilometern Länge zu überfallen. Nach zuverlässigen Erhebungen sollen sich schon 1757, zwei Jahre vor der Mindener Schlacht, 500 Fuhrwerke einheimischer Bauern bei der französischen Armee befunden haben!

Wir schilderten schon die unliebsame Bevölkerungsvermehrung durch Kriegsereignisse. 100.000 „Fremdlinge“ tummelten sich um diese Zeit zusätzlich im „Vorfeld“ kommender Kriegsgeschehnisse. In der preußischen Armee standen jedem Soldaten täglich zwei Pfund Brot zu, bei den Franzosen waren es amtlich nicht weniger, wenn die Organisation klappte, so dass die Mühlen täglich für 200.000 Pfund Brot Mehl mahlen und die Bäckereien verbacken mussten. Die landwirtschaftliche Produktion des Fürstentums Minden und der Grafschaft Ravensberg war in den hundert Jahren nach dem Dreißigjährigen Krieg so aufgeblüht, dass Überschüsse – erst durch diese konnten Städter ernährt werden – entstanden waren und kontinuierlich gesteigert werden konnten. Man muss jedoch wissen, dass diese Ernteerträge, gemessen an denen des 19. und 20. Jahrhunderts, „sehr mickerig“ waren und schätzungsweise beim Getreide fünfzig Prozent niedriger als später ausfielen.

Was aß der Normalbürger vom Land und der mittleren Dörfer und Städte der Zeit? Als Kartoffeln nur in Schlossgärten und Versuchsbeeten wuchsen? Drei Bs: Brot, Brei und Beaf. Obst und Gemüse natürlich auch, aber das war nicht zum Sattwerden. Und zum Kochen, Backen und Braten gehörte Holz, das nicht einmal jeder Landwirt besaß und von frierenden Armeen gnadenlos gefällt und in Schmieden, Lagerfeuern und Heeresbäckereien verbrannt wurde – „verbrannte Erde“ ist übrigens kein Begriff der Neuzeit!

Ein mittlerer Eigentums-Bauernhof von etwa hundert Morgen verbrauchte mit seinen Menschen und dem Vieh, darunter mindestens zwei Ackergäule: Mindestens neunzig Prozent seiner Erzeugnisse wie Roggen, Hafer, Gerste,

Weizen, Gemüse, Obst, Schlachtgeflügel und Schlachtvieh, Milch und Futterrüben, Heu aus Klee und Wiesengras für sich selbst. Und war froh, einen Teil von zehn Prozent verkaufen und zu Bargeld machen zu können. Nun kamen Fremde und „grasten wie Heuschrecken alles ab". Aus der nächsten „Franzosenzeit" von 1806 bis 1813 nennen wir eine erschreckende Zahl: Allein aus Schleswig-Holstein requirierten französische Soldaten für Napoleons Russlandfeldzug 18.000 Bauernpferde direkt vom Acker her oder aus den Ställen...

Schon Friedrichs Vater, der Soldatenfreund Friedrich Wilhelm I., hatte in Minden Proviantmagazine angelegt, die, man lese und staune, in ganz Preußen auch zur Regulierung des Getreidepreises dienten. Diese Magazine wurden nun sofort für den zivilen Bedarf geschlossen. Die Stadt an der Weser lag für den Transport von Massengütern günstig, Flüsse und Ströme waren für solche Transporte günstiger als schlechte Straßen und miserable Wege. Obwohl die französische Interventionsarmee mit ihrem Verbündeten, der Reichsarmee, am 5. November 1757 bei Roßbach in Thüringen schwer angeschlagen wurde, - war es Friedrich nicht gelungen, beide Armeen vernichtend zu treffen oder gar aus Deutschland herauszujagen. Aber hatte sich eine Pause in der Bedrohung durch die Franzosen verschafft, die nun ihrerseits eine schwere Zeit durchmachen mussten.

Nichts ist schädlicher für eine Armee als Nichtstun. Ab Herbst 1757, noch vor der Niederlage bei Roßbach, mussten die Franzosen gegen einen Feind kämpfen, der nicht zu fassen war: gegen Krankheiten im Gefolge von schlechter Hygiene, Hunger und Kälte. Die Versorgung mit Holz und

Torf war unzureichend, auch die der Kavalleriepferde, so dass bald überall ihre Kadaver herumlagen und das Wasser der Weser und einmündenden Bäche und Teiche, die früher fürs Vieh ausreichend waren, verpesteten. Wenn Friedrich im Winter von 1757 auf 1758 stark genug gewesen wäre, hätte er die Franzosen über den Rhein zurückwerfen und sich viel Arbeit und Kummer ersparen können, denn die Versorgung der französischen Armee östlich des Rheins war praktisch zusammengebrochen.

Kriegsziele und Kriegsgründe

Nur für einen der vier Kriegsgegner Preußens gab es einen realen und anerkennenswerten Grund zum Krieg: Österreich. Es wollte schlicht und einfach Schlesien wiedergewinnen, und wenn sich dabei nebenher das Königreich Preußen auf die alte und anerkannte Mark Brandenburg zurückstutzen ließ, nun denn, dann wollte man auch das bewerkstelligen. Dass Österreich allein nicht in der Lage war, Preußen zu besiegen, hatten die beiden vorigen Schlesischen Kriege, die zwischen 1740 und 1745 liefen, bewiesen. Also mussten Bundesgenossen her!

Schweden als solchen zu gewinnen war nicht schwer, wobei sich die paradoxe Situation ergab, dass die schwedische Königin Ulrike Friedrichs Schwester war. Schweden hatte seinen alten Machttraum als Beherrscherin der Ostsee noch nicht ausgeträumt und machte, von den Wiener Hofintriganten geködert, gegen Preußen mit. Russland, von der Zarin Elisabeth regiert, konnte mit dem Gewinn der Provinz Ostpreußen, welche dem Königreich Preußen seinen Namen gab, in den Kreis der Gegner Friedrichs aufgenommen werden. Als Russland noch vom fähigen Zar Peter regiert wurde, bestand herzliches Einvernehmen zwischen ihm und Friedrich Wilhelm I. Es heißt, das Friedrich durch sein lockeres Mundwerk und seine Abneigung derartiger Damen ihren Groll hervorgerufen haben soll; das war im Zeitalter der so genannten Kabinettskriege durchaus möglich, doch kann angenommen werden, das die Zarin der Gewinn Ostpreußens mehr interessierte als Hörensagen und Spionengeschwätz.

Da waren es schon drei! Die schwierigste Nuss zum Knacken war Frankreich. Zu Recht fragte sich die deutsche Bevölkerung, was dieses Königreich, dessen Ludwig XIV. unbewusst den Grundstock oder die Lunte zur Revolution gelegt hatte, schon wieder in Deutschland zu suchen hatte, kaum dass seine Untaten hier noch nicht halb vergessen waren. Die Wiener Diplomatie unter Kanzler Kaunitz lockte in letzter Konsequenz mit der Rheingrenze – Wien und der Strom lagen weit genug auseinander, um etwaige Skrupel haben zu können.

Noch ein Kurfürstentum, das sogar vom König in Polen mitregiert wurde, musste in den Bund gegen Preußen aufgenommen werden: Sachsen. Dieses glückliche aber unglücklich regierte Land musste den Entschluss seines geldgierigen Kurfürsten schwer büßen. Die ganze Verschwörung war noch nicht ausgereift und sollte erst 1757 oder 1758 voll aufblühen, als Friedrich glaubte, nicht länger tatenlos zusehen zu können: Lieber den Makel eines Kriegsbeginners auf sich nehmen, war für ihn die Konsequenz, als von einer geballten Ladung Feinden schon im ersten Ansturm überrannt zu werden. In Preußen lief alles rascher ab als in anderen europäischen Ländern, und Preußen hatte alles auf die Karte eines schnellen Sieges und die

Verhinderung eines gemeinsamen Angriffs der Gegner zu setzen. Außerdem **musste** Friedrich unter allen Umständen den Krieg ins Feindesland verlagern – was im Großen und Ganzen gelungen ist. Sein Staatengebilde lag weit auseinander und konnte an einigen Stellen in Tagesmärschen durchquert werden.

Den längsten Atem von allen Preußengegnern besaß zweifellos Österreich. Seine fleißige, gutkatholische Bevölkerung aus zahlreichen Völkerschaften würde den Krieg unterstützen „und nichts auf seine Kaiserin kommen lassen". (Es hat ja selbst Napoleon überstanden und ist erst an der Übermacht von 1914 bis 1918 gescheitert!) Friedrichs Kalkül vom kurzen Krieg ist nicht aufgegangen, wir erwähnten das schon, nicht einmal das von steten Siegen dank seiner scheinbar überlegenen Strategie und Taktik, und darum ist jetzt auf einen Kriegsschauplatz zurückzukehren und vom Umstand zu berichten, wie eine brave arbeitsame Stadt in den Sog einer Schlacht geraten konnte. Wir haben noch anzufügen, dass die Schlachten des Zeitalters der Kabinettskriege nicht die Vernichtung des Gegners zum Ziel hatte und damit soviel Tote und Verwundete zu verursachen, sondern die Auflösung seiner Heere, die Zerstreuung der Soldaten nach einer Niederlage in alle Himmelsrichtungen. Diese Soldaten konnte man dann selbst gut gebrauchen...

Das Vorfeld einer Schlacht

Das Vorfeld zur Schlacht von Minden reicht bis ins Jahr 1757 zurück. Damals, als Friedrich noch auf der Siegerstraße marschierte und glaubte, „noch ein paar siegreiche Schlachten und die ganze Chose ist erledigt", stand auch sein potentieller Verbündeter Großbritannien in den Startlöchern, wem dieser Streithähne des Kontinents er aushelfen sollte. (Wir werden Großbritannien später noch näher vorstellen.) Da passierte Friedrich das Malheur von Kolin, ein Schlachtgeschehen, das alle Verhältnisse wieder auf den Kopf stellte: „Der Preußenkönig von einem normalen österreichischen Feldmarschall geschlagen!“

Seine Selbstmorddrohungen nahm er wohl nicht ganz ernst, denn zum Jahresende rappelte er sich auf und schlug erst einmal die Franzosen samt dem Kontingent der Reichsarmee bei Roßbach in die Flucht, dann marschierte er im Eiltempo nach Schlesien, um die dort eingefallenen Österreicher bei Leuthen zu schlagen und für den Winter auf 1758 einigermaßen Ruhe zu haben. Genau hier setzt unser Vorfeld zu Minden an.

Und die so genannte Weltpolitik kam ins Spiel. Denn aus der Sicht der beiden Großmächte England und Frankreich rückte der Siebenjährige Krieg aus ihrem Hauptblickfeld heraus, indem beide das Geschehen auf dem amerikanischen Kontinent in diesen Krieg einbezogen. Großbritannien, das aus jedem europäischen Konflikt gestärkt herauszukommen schien und seinen Reichtum auf dem Meer zusammenraubte, konnte es sich leisten, einen starken kontinentalen Bundesgenossen wie Preußen nicht nur finanziell sondern auch durch Truppenstellungen zu unterstützen – damit er Frankreich Paroli bieten konnte. Frankreich selbst, das sei nur am Rande bemerkt, war durch Misswirtschaft, Intrigen und Korruption bis in die obersten Regionen des Staates total verschuldet. Und doch war es gezwungen, im Rahmen seiner Bundesgenossenschaft mit Österreich gegen Preußen zu stehen.

Und hier kommt „Hannover“ ins Spiel. Der englische König war gleichzeitig „Hannoveraner“ und war sich mit seiner Regierung und auch wohl dem Volk einig, dass dies so bleiben sollte. Und dass dies so war erklärt das nie ganz überzeugende Vorgehen Frankreichs gegen Preußen – seine Macht allein, nicht verzettelt und gespalten in europäische und kanadische Interessen, hätte Preußen niederringen können. Nun war 1757 der erste Vorstoß nach Deutschland hinein, mit dem Ziel, Hannover zu besetzen, bei Roßbach misslungen. Friedrich hatte, wir beschrieben es schon, nach der Schlacht von Roßbach nicht konsequent nachstoßen können.

Das tat ein anderer Feldherr! (Im Kapitel „Menschen und Mächte“ werden wir jene Männer lebensecht vorstellen, die jetzt nur flüchtig erwähnt werden können.) Zum Beispiel und erstens den Herzog Ferdinand von Braunschweig und Lüneburg, Schwager Friedrichs und bereits als Militärführer unter ihm bewährt. König Georg II. von Großbritannien, immer besorgt um sein Hannover und erneut durch Friedrichs Roßbacher Sieg motiviert, war mit der europäischen Kriegführung seines Bruders, des Herzogs von Cumberland, höchst unzufrieden und wünschte ihn abgelöst; und durch Ferdinand ersetzt. Friedrich lehnte ab, denn er glaubte durch seine Strategie des getrennten Marschierens und Schlagens auf bewährte Truppenführer nicht verzichten zu können. Schließlich lockten ihn die in Aussicht gestellten neuen Vereinbarungen mit England.

Wie bekannt, hatten Englands Könige schon nicht mehr das große Sagen, die große Politik schlug die Regierung unter einem Premier-Minister dem König vor, der sie genehmigen sollte. Es gab in London Streit darüber, ob man sich auf dem Festland engagieren solle oder nicht: Die Alternative war voller möglicher Einsatz gegen Frankreich auf See und in Amerika. Minister Pitt war der Meinung, Frankreich in Deutschland zu bekämpfen käme preiswerter, - außerdem schade es dem Ansehen Großbritanniens, Hannover für immer zu verlieren -, und nütze seinem Ruhm, auf zwei Kriegsschauplätzen gleichzeitig möglichst erfolgreich zu agieren.

So kam am 7. Dezember 1758 eine neue Konvention zustande: Das Königreich Preußen erhielt 700.000 Pfund Sterling und zur Unterstützung seiner westlichen Armee zusätzliche britische Regimenter gestellt. Wir verraten jetzt schon, dass diese Regimenter aus erstklassigen Soldaten bestanden, welche bis auf die heutige Zeit ihre Mithilfe zum Sieg bei Minden feiern. Die Konventionen von Westminster vom 16. Januar 1756, vom 17. April 1758 und vom 18. Januar 1758 mit Hessen-Kassel wurden einbeschlossen, erneuert und bestätigt. Kassel verpflichtete sich außerdem, seine Infanterie und Kavallerie für den kommenden Feldzug zu verstärken und im englischen Sold zu lassen. Dafür erhielt es 90.000 Pfund jährlich.

König Friedrich, auf dem international Parkett nicht sehr glücklich, konnte nun triumphieren und vor allem aufatmen. Diese westlichen Truppen, nun unter dem Oberbefehl des Herzogs von Braunschweig, würden ihm Rücken und Flanke freihalten.

„Diese Armee", schrieben später gemeinsam General Henry Lloyd und Oberstleutnant von Tempelhoff, *„die freilich nicht der französischen Macht in Deutschland gleich kam,*

sie aber an Güte der Truppen, und in Rücksicht auf die militärischen Talente ihrer Heerführer weit übertraf.“

* * * * * *

Wir müssen, ehe wir fortfahren, noch einmal zu einem Namen zurückfahren, der schon genannt wurde: der Herzog von Cumberland, Oberbefehlshaber der alliierten Armee aus Preußen, Hessen, Braunschweigern, Engländern, Schotten und Schaumburg-Lippern, Vorgänger des Herzogs Ferdinand und Bruder Georg II., der bei Hastenbeck in eine unglückliche Niederlage verwickelt wurde. Das Dorf mit kaum 200 Bewohnern war früher selbständig und ist heute ein Stadtteil von Hameln an der Weser. Am 26. Juli 1757 trafen dort die alliierten Kräfte des Herzogs von Cumberland auf die Franzosen unter dem Grafen d'Estrées, 36.000 Alliierte gegen 60.000 Franzosen, wobei das Dorf vollständig abbrannte. Nach einigem Hin und Her im Kampfgeschehen glaubte Cumberland einen leichten Sieg in der Tasche zu haben, verlor dennoch Mut und Besonnenheit und zog sich nach Hameln zurück. Hier war auch der Erbprinz von Braunschweig, den wir noch kennenlernen werden, am Kampf beteiligt. Cumberland soll nun aus Verzweiflung geweint haben, seinen Fehler verzeihte König Georg nicht und rief ihn ab. 1.400 Tote und Verwundete bei den Alliierten und 2.300 bei den Franzosen war das Ergebnis einer Schlacht, die Lokalpolitik mit großer Politik zusammenführte. Die großen Politiker in Versailles vom König Ludwig XV. über seine Mätresse Pompadur hin zu den Ministerien waren nun überzeugt, auf deutschem Boden einige leichte Siege erringen und England damit in etwaigen Friedensgesprächen über Kanada und Nordamerika beeindrucken zu können. Truppen Friedrichs hatten an dieser Schlacht nicht teilgenommen.

Wenn Soldaten wie die französischen in Ruhequartieren liegen und dennoch nicht ausreichend versorgt werden, streiken sie eher als preußische. Diese, wie schieben das kurz ein, waren nicht nur disziplinierter sondern wurden auch dank der Fürsorge Friedrichs ausreichend versorgt und entlohnt. Schon 1755 schrieb Friedrich in seinen „Gedanken und allgemeine Regeln für den Krieg“:
„Eine Armee ist eine Massen von Menschen, die täglich ernährt werden will. Ihre Verpflegung besteht aus gutem Brot, gutem Fleisch, Gemüse, das man im Umkreis des Lagers findet, Branntwein und, wenn möglich Bier... Die Verpflegungsfrage ist die wichtigste. Will der Feind einen Verteidigungskrieg führen, so kann er Euch nur bei Euren Lebensmitteln fassen. Alle seine Detachements haben nur diesen Zweck, und alle seine leichten Truppen sind deswegen im Feld. Ihr müsst also die größte Vorsicht, ja übertriebene Maßregeln zur Sicherung Eurer Proviantzüge anwenden; denn wenn Hunger und Not Euch überwältigen, ist Eure Niederlage größer, als wenn Ihr eine Schlacht verliert.“
Es ist erwiesen, dass die preußische Armee gerade in dieser fraglichen Zeit viel Zulauf an Rekruten aus Polen, Böhmen, den Kernländern Preußens und aus den deutschen Reichsständen zu registrieren hatte – zu Hause gab es nicht überall Arbeit und Brot!

Nach der Schlacht bei Roßbach gab Friedrich dem britischen Drängen nach und Herzog Ferdinand für den westlichen Kriegsschauplatz frei; das geschah am 23. November 1757. Der Herzog hegte schwere Bedenken, die buntgescheckte Koalitions-Armee mit ihren individuellen Befehlshabern kommandieren und zu Siegen führen zu können. Dennoch gelang es ihm, die Franzosen über den Rhein zurückzudrängen und am 23. Juni 1758 bei Krefeld zu schlagen. Über diese Schlacht zwischen den vereinigten Truppen von Kurhannover, Braunschweig-Wolfenbüttel, Hessen-Kassel, Preußen und Großbritannien gegen Frankreich werden wir unten näher berichten. Sie zeigte den Verantwortlichen in Versailles an, wo es in Zukunft hergehen könnte.

Einen Monat später verlegte Prinz Ferdinand Teile seiner Armee nach Roermund. Einen weiteren Teil hatte er schon Ende Juni zur Belagerung der Festung Düsseldorf geschickt, deren französische Garnison am 6. Juli kapitulierte. (Man sicht und versteht unsere frühere Behauptung, dass in diesen Kriegen kaum bis aufs Messer gekämpft wurde.) Ferdinand verlegte sein Hauprquartier zum Schloss Dyck bei Jüchen. Er wusste, dass er nicht mehr lange unbehelligt bleiben würde und zog sich prompt zurück, als die Franzosen mit großer Übermacht von Köln her anrückten.

* * * * * *

Die französischen Heerführer Prinz von Soubise und Marschall von Contades hatten aus Versailles strikte Anweisung erhalten, sich nicht auf einen Winterfeldzug einzulassen. Ersterer hatte seine Winterquartiere längs des Main in der Grafschaft Hanau und Niederhessen genommen. Dort fühlte sich seine Armee nicht sicher vor plötzlichen Unternehmungen der Alliierten, geeigneter war da schon die Stadt Frankfurt, aber diese war Freie Reichsstadt, also nur dem Kaiser unterstellt. Wer hier über Winter festsaß, brauchte keine Überraschungsangriffe zu fürchten.

Solche großen Städte wurden von einem Magistrat verwaltet, Männer, welche kaufmännisch einiges leisten, aber raffinierten Feldherren natürlich „nicht das Wasser reichen konnten“. Soubise bat den Magistrat, das Regiment Nassau durchmarschieren zu lassen, was ganz klar bewilligt wurde. So erschien das Regiment am 2. Januar vor den Toren Frankfurts und wurde noch von den Wachsoldaten der Ehre halber begrüßt. Sobald es an das Sachsenhausener Tor gekommen war, bemächtigte es sich der Hauptwache, der auf den Wällen aufgestellten Kanonen, der öffentlichen Plätze und einiger Straßenzüge. Bald darauf folgten zehn Bataillone berühmter Namen, um die Besetzung auszuweiten und zu sichern.

Stadtsoldaten sind selten tapfere Krieger, Magistrate keine Generale, aber einsichtige Leute, die wissen, wann Widerstand zwecklos ist. Soubise verkündete zudem eben diesen Männern, dass er die Stadt in jeder Weise schonen und Übergriffe seiner Soldaten streng verfolgen würde. Sie wollten alles, nur keine Schlacht um ihre schöne und bedeutende Stadt! Sie bot den Franzosen den bisher sichersten Halt, war überhaupt jetzt ein sicherer Waffenplatz, ein riesiges Magazin für die französische Armee, und sollte Startplatz für weitere Unternehmungen gegen Hannover und die alliierte Armee am Niederhein sein.

Das Jahr 1758 brachte auf Friedrichs Kriegsschauplatz die Schlachten von Zorndorf und Hochkirch. Wenn auch Zorndorf gegen Russen und Österreicher nominell als preußischer Sieg gedeutet wurde und Hochkirch klar ein österreichischer Sieg war, ging es um Verluste, die Friedrich vorläufig kaum ausgleichen konnte. Zudem setzt die Schlacht von Hochkirch das Beispiel, dass Friedrich immer zu packen war, wenn sein Leichtsinn und seine Fehlbeurteilungen der momentanen Situation nicht stimmten. Die neue Lage setzte jetzt französische Kräfte frei, die Österreich unterstützt hatten und nun zum westlichen Kriegsschauplatz delegiert werden konnten.

Inzwischen hatten sich die Franzosen von Frankfurt her so ausgebreitet, dass die Alliierten eine ihrer wichtigsten Quellen zur Eintreibung von Kontributionen, nämlich die Pfalz, den Schwäbischen Kreis und das Herzogtum Württemberg verloren hatten. Österreich schickte gleichzeitig vier Infanterie- und vier Kavallerie-Regimenter aus Böhmen herüber, um die Alliierten einzuschnüren und wichtige Magazine bei Würzburg und Bamberg zu decken.

Der preußische General Aschersleben wagte dennoch seine geplanten Unternehmungen. Preußischer notorischer Geldmangel zwang ihn dazu. Wenn seine Gegner, befürchtete Friedrich, eines schlechten Tages alle deutschen Gebiete kontrollieren würden, gäbe es keine Möglichkeit zur Eintreibung von Kontributionen mehr. Der General zog mit 400 Kürassieren los, um in Thüringen die auferlegten Kriegssteuern einzuziehen. So kam er bis Sachsenburg und besetzte Langensalza. Solche Bewegungen mobiler und gut unterrichteter Kavallerieeinheiten waren beiderseits üblich aber höchst gefährlich, denn allzu leicht konnte man von überlegenen feindlichen Truppen gestellt, niedergemacht oder gefangen genommen werden.

Prompt begann eine Jagd auf diese meist ein wenig verwegenen Männer. Mehrere österreichische Kürassier-Regimenter und Truppen der Reichsarmee, welche nach der Niederlage bei Roßbach reaktiviert worden waren, zogen einen Sperrriegel von Fulda bis Eisenach. So blieb dem sehr beweglichen preußischen Kommando nichts anderes übrig, als sich zurückzuziehen. Mit Sorge betrachtete Friedrich vom Osten her die Aktivitäten seiner westlichen Feinde und tröstete sich in der Gewissheit, mit Herzog Ferdinand und seinen „deutschen" und britischen Truppen und deren Anführern einen guten Griff in Sachen Sicherheit und Fortführung des Krieges getroffen zu haben. Immer mehr zeigte sich ihm, dass seine Feinde, allen voran Maria Theresia als treibende Kraft und Trösterin bei Niederlagen entschlossen waren, ihn spätestens 1760 niedergerungen zu haben.

* * * * * *

Also: General Aschersleben bemerkte natürlich die Aktionen gegen ihn, weil er von seinen Reitern gut mit Nachrichten versorgt wurde, und zog sich aus seinen vorher heimgesuchten Gebieten zurück. Sein Gegenspieler, ein General Arberg, - es war noch immer Winterzeit -, hatte den Auftrag, sich zwischen Werra und Fulda festzusetzen, um zu helfen, bei Eröffnung der neuen Saison dem Prinzen Soubise den Weg zur Eroberung Hessens zu bereiten. General Arberg rückte nun seinerseits am 9. Februar 1759 in Hessische ein und trieb in den Ämtern Hersfeld, Friedland

und Landeck Kriegssteuern ein. Auch er musste sich gegen den 18. des Monats in seine Quartiere zurückziehen, als sich hessische Truppen auf ihn in Bewegung setzten. Wir erkennen hier deutlich, wo der Schwerpunkt derartiger Winterunternehmungen lag, wenn es nicht gerade auf eine Schlacht zuging: im Beutemachen, wirtschaftliches Überleben und um die Beschäftigung der Soldaten. Kriegslisten sind besonders in Ruhezeiten anzuwenden, um den Feind zu beunruhigen, zu täuschen und seine eigenen Truppen zu trainieren. Zum Thema „Kriegslisten“ schrieb Friedrich in seinen schon erwähnten „Gedanken...“:
„Zahllos sind die Listen im Feldkrieg... Flussübergänge erfordern viele solcher Listen, und der Schlaueste gewinnt... Ein Treffen im Lager zu lassen und mit dem anderen des Nachts abzumarschieren, ist eine Kriegslist. Wachtfeuer in einem Lager, das man verlässt, anzuzünden und Leute darin zu lassen, die Lärm machen, ist eine Kriegslist, um dem Feind seinen Aufbruch zu verbergen.“
Als Friedrich dieses niederschrieb, benutzte er die persönliche Anrede, denn er wollte ja seine Nachfolger (*Successors)* beraten, und beendete den Exkurs folgendermaßen:
„Verbergt also dem Feind stets Eure Absichten und sucht die seinen zu erforschen; überlegt lange, aber handelt energisch und rasch; lasst nie Mangel an Lebensmitteln eintreten: dann werdet Ihr mit der Zeit den Feind bezwingen...“

Um diese Zeit wurde Prinz Soubise zum französischen Hof zurückberufen und zum Minister gemacht. Er muss einer „dieser seltenen Vögel“ dort gewesen sein, denn er scheint die von ihm in Deutschland eingezogenen Kriegssteuern, ohne ein wenig in eigenen Taschen verschwinden zu lassen, prompt abgeliefert zu haben. Für ihn trat der schon erwähnte Herzog von Broglie sein Amt als Befehlshaber der Armee am Main an.

Kleinere Schlachten und Gefechte

Die Schlacht bei Krefeld am 23. Juni 1758. Sie stellt den Höhepunkt des Krieges im Rheinland dar, weit westlich vom Hauptgeschehen des Gesamtkrieges. Frankreich stand mit 47.000 Mann unter Louis von Clermont gegen die alliierte Armee von 32.000 Mann unter Ferdinand von Braunschweig. Die Verluste an Toten und Verwundeten standen im Verhältnis 4.000 Franzosen und 1.700 Alliierten.

Die Schlacht wird bei den Deutschen auch „Schlacht an der Hückelsmay“ nach der entsprechenden Umgebung genannt. Auf dem Gebiet des heutigen Forstwaldes, eines Stadtteils von Krefeld, trafen die Gegner aufeinander. Wir folgen der kurzen Darstellung der Schlacht im Internet-Lexikon *Wikipedia:*

Die in Fischeln stationierten Franzosen hatten bereits mit 47.000 Mann vor der Landwehr am Durchlass bei der Hückelsmay Stellung bezogen und rechneten mit einem Angriff Ferdinands von Norden her, welcher mit insgesamt 32.000 Mann zwischen Kempen und Hüls lagerte. Prinz Ferdinand jedoch befahl einen Angriff von Süden her, nachdem die französischen Stellungen über Vorst und Anrath umgangen worden waren. Die Franzosen wurden von der Armee des Prinzen überrascht und nach Osten in die Zange zwischen der Landwehr im Nordenund einem Wassergraben im Süden gedrängt und dort aufgerieben. Die französische Reserve konnte nichts mehr ausrichten und musste sich nach heftigen Gefechten mit weiteren berittenen preußischen Truppen, die über die Landwehr von Norden her in das Schlachtgeschehen eingriffen, noch weiter nach Osten zurückziehen. Am späten Abend war die Schlacht entschieden und die Franzosen zogen sich vorerst über Osterath nach Neuss zurück. Dass Ferdinand anschließend nach Düsseldorf und Jüchen ging, haben wir schon berichtet.

Das Gefecht bei Sandershausen am 23. Juli 1758. Zu dem Gefecht kam es, als Prinz Soubise den Befehl erhielt, die Landgrafschaft Hessen-Kassel zu erobern. Er schickte sodann ein Korps von 20.000 Mann unter Broglies Befehl, um die separat stehenden hessischen Truppen unter Generalleutnant Graf von Isenburg zu einer Schlacht zu zwingen. Dieser verfügte über 4.000 Infanteristen, 1.200 Kavalleristen und 10 Geschütze. Aber, und „das war der Haken“, von dem die Franzosen wussten, seine Soldaten waren wenig kampfkräftig und überdies „Zwangserhobene“, wie es damals hieß und worüber wir bereits berichtet haben. Außerdem hatte er Invaliden eingereiht. Darum zog er es vor, sich hinter die Eder nach Fritzlar zurückzuziehen. Am 22. Juli überquerte oberhalb Kassel die Fulda. Erteilen wir wieder Wikipedia das Wort:
Am 23. Juli begann Broglie mit seiner Vorhut den Vormarsch auf Sandershausen, in dem die Hessen begonnen hatten, Quartier zu nehmen. Um 11 Uhr überschritt er mit seiner Infanterie, gefolgt von der Kavallerie, die Fulda. Die hessischen Vorposten bei Sandershausen wurden unverzüglich zurückgeworfen, allerdings wurden die Franzosen dann durch massives Gewehrfeuer aus zwei gedeckten

Stellungen aufgehalten. Broglie brachte daraufhin seine Artillerie in Stellung, um die gegnerischen Kräfte auszuschalten, woraufhin die Hessen zunächst den Rückzug antraten, um sich dann in Schlachtordnung aufzustellen. Sie postierten ihre Kanonen im Zentrum links und rechts der Straße nach Hann. Münden. Der rechte Flügel stand auf den bewaldeten Hängen zur Fulda, den linken Flügel bis zum Bauernhof Ellenbach bildete die Kavallerie, während die Invaliden die zweite Linie einnahmen.

De Broglie bildete mit seiner Truppe, die sechzehn Stunden marschiert war, drei Angriffssäulen, deren dritte nur aus den zehn Kanonen bestand. Die Kavallerie deckte die Flanken. Die Kolonne des rechten Flügels stieß auf den Bauernhof Ellenbach vor, den Broglie massiv mit der Artillerie beschießen ließ, um dann seine Grenadiere vorzuschicken. Isenburg befahl befahl jedoch vorher seine Kavallerie zu einem Gegenangriff auf die französische Kavallerie des rechten Flügels. Es kam zu einem Kavalleriekampf, der hin und herwogte. Die Schlacht wurde zusehends unübersichtlich, bis ein Bajonettangriff der Franzosen um 18 Uhr 30 (halb Sieben) den rechten Flügel der hessischen Infanterie zurückschlagen konnte. Gedeckt durch ihre Kavallerie riegelten die französischen Jäger das Tal des Ellenbach ab. Die Hessen gaben sich geschlagen und traten den Rückzug an. Wegen der Erschöpfung der eigenen Truppen verzichtete Broglie auf eine Verfolgung des Gegners. Die Franzosen besetzten Marburg und Kassel...

* * * * * *

Das Gefecht bei Mehr am 5. August 1758. Ort der Austragung: Hamminkeln-Mehrhoog. Frankreich kämpfte in starker Übermacht von 10.000 Mann gegen 3.000 Soldaten aus Braunschweig-Lüneburg, Braunschweig-Wolfenbüttel, Schaumburg-Lippe, Sachsen-Gotha, Altenburg und Großbritannien. Diese vereinigte Armee verlor 313 Tote und Verwundete, die Gegenseite 400. Befehlshaber waren Philipp Freiherr von Imhoff und François de Chevert. Das Schlachtfeld liegt auf dem Gebiet des heutigen Nachbarortes Mehrhoog zwischen der alten Poststraße und dem Wohngebiet „Im Kuckuck". Ein Denkmal erinnert im Storchenweg an diese Schlacht.

Von ihr ist, selten genug, der Augen- und Zeitzeugenbericht des Oberstleutnants Johann Kasimir von Monkewitz aus Schaumburg-Lippe überliefert, den wir in Auszügen veröffentlichen:

„Mit Anbruch des Tages kam meine letzte Patrouille von Meer (Mehr) zurück und meldete, daß in dortiger Gegend noch nichts vom Feind zu sehen sey. Ich machte darüber Bericht an den General von Imhoff, welcher mich benachrichtigte, daß, da General von Zastrow mit den 2 Bataillonen von Stolzenburg und dem einen von Erbprinz angelangt wäre, er gesonnen sey, die vorige Stellung bei Meer wiederum zu besetzen, weshalb ich sofort aufbrechen und den alten Posten bei Wildemannshof wiederum einnehmen solle. Ich marschirte also ab, sendete aber 2 Karabiniers über Kloster Schleienhorst gegen Hauinkel, mit dem Befehl, sich bis gegen 10 Uhr auf der Höhe von Hauinkel zu halten und zu beobachten, von wo sie alsdann abgelöst werden sollten... Es war 9 Uhr, als mir gemeldet wurde, daß gegen Hauinkel ein Schuß gefallen sey... General von

Imhoff hatte Tags zuvor befohlen, einen Offizier mit 50 Pferden dieses Regiments unter meinen Befehl zu stellen... Mittlerweile geriet ich mit den Vortruppen des Feindes in ein scharfes Handgemenge. Bald drängten mich aber die 4 Schwadronen feindlicher Dragoner, denen 1000 Freiwillige folgten, auf ein Detaschement hessischer Grenadiere zurück. Dieses wurde sogleich heftig vom Feinde angefallen und mit bedeutendem Verlust geworfen... Unterdeß entspann sich eine heftige Kanonade, wobei unsere Artillerie dem Feinde bedeutenden Schaden zufügte..."
Es wurde überraschend ein Sieg für die preußische Seite und die Franzosen zogen sich nach Wesel zurück. Der schon erwähnte von Archenholz schildert den Ausgang des Gefechts bedeutend dramatischer:
„...In einer halben Stunde war der so überlegene Feind zurückgeschlagen und floh nach Wesel, sein Verlust war bedeutend; mehr als 500 Tote bedeckten die Wahlstatt, 49 Offiziere und 360 Mann waren gefangen, außerdem ließ er 11 Kanonen, 1 Fahne, viel Munition, eine Menge Wagen und einige hundert Gefangene zurück. Der Franzosen hatte sich hatte sich eine derartige Panik bemächtigt, daß sie unterwegs ihre Waffen von sich warfen. Auf dem Weg nach Wesel fand man über 2.000 Musketen. Die Verbündeten hatten 188 Mann verloren."

Die Schlacht bei Lutterberg am 10. Oktober 1758. Sie wird auch die „Erste Schlacht" genannt, weil 1762 eine zweite folgte. Frankreich erwarb über „unsere" Schlacht die Kontrolle über den größten Teil Hessens. Es kämpfte Frankreich unter Soubise gegen Großbritannien, Kurhannover und Hessen-Kassel unter General Oberg und Gene-

ralleutnant Isenburg. Über den Verlauf der Schlacht erteilen wir Johann Wilhelm von Archenholtz, Hauptmann in königlich-preußischen Diensten, das Wort:
Nun wurde am 10. Oktober vom überlegenen Feind bei Lutternberg auf allen Seiten angegriffen. Das Gelände war viel zu weitläufig, um es mit so wenigen Truppen allenthalben zu verteidigen. Die Verbündeten wehrten sich jedoch tapfer und schlugen die feindliche Infanterie zurück, wurden aber in dem Augenblick des Sieges von der französischen Kavallerie in der Flanke und im Rücken angefallen. Der Mangel an Reiterei auf verbündeter Seite vermehrte diesen Unfall und nötigte General Oberg zum Rückzug. Die Verbündeten verloren dabei gegen 1.200 Mann an Toten, Verwundeten und Gefangenen, zehn Kanonen und drei Feldzeichen. Die Franzosen büßten über 900 Köpfe ein. Die Sachsen, von denen kurz vorher ein 10.000 Mann starkes Korps zu der französischen Armee gestoßen war, hatten an dem Sieg großen Anteil... Die sächsischen Krieger waren größtenteils Überläufer von der preußischen Armee, die nicht gegen ihren Landesherrn fechten wollten.

Der Sieg bei Lutterberg verschaffte Soubise den Marschallstab. Er durchzog nun die benachbarten Provinzen, um sie gehörig zu „brandschatzen", (= „Geld oder Feuer!") und stieß bis an die Mauern von Hameln vor. Ferdinands Märsche und Stellungen verhinderten jedoch das weitere Vordringen der Franzosen. Man bezog Winterquartiere. Herzog Ferdinand verlegte seine Truppen nach Westfalen und richtete sein Hauptquartier in Münster ein.

Die Schlacht bei Bergen am 13. April 1759. Schlachtteilnehmer waren die Franzosen unter Broglie und Großbritannien, Hessen-Kassel, Kurhannover und Braunschweig-Wolfenbüttel unter Herzog Ferdinand, 24.000 Alliierte gegen 30.000 Franzosen. Die Verluste werden mit 2.373 zu 4.000 angegeben. Bergen liegt nordöstlich von Frankfurt. Wikipedia informiert uns über diese Schlacht:

...Herzog Ferdinand eröffnete als Oberbefehlshaber der alliierten Armee den Feldzug von 1759. Seine Ausgangslage war nicht vielversprechend: Die französische Hauptmacht unter Marschall de Contades drohte vom Niederrhein her bis Kurhannover vorzudringen. Zudem hatte der Herzog von Broglie seine Truppen bei Frankfurt konzentriert. Daher beabsichtigte Ferdinand, die beiden feindlichen Armeen nacheinander zu schlagen. Am 13. April 1759 traf er bei Bergen auf die Truppen des Herzogs von Broglie. Unverzüglich wurde der Angriff befohlen. Die Stellungen der Franzosen erwiesen sich jedoch als zu stark. Dreimal wurden die Alliierten abgewiesen. Um seine Armee in ihrer Gesamtheit nicht zu gefährden, brach Ferdinand daher die Schlacht unter Verlust von 2.373 Mann ab.

Soweit Wikipedia. General Graf Isenburg auf der alliierten und General Freiherr Georg Karl von Dyherrn auf der anderen Seite gehörten zu den Gefallenen.

Das Gefecht bei Gohfeld am 1. August 1759. Mit diesem gar nicht unbedeutenden Gefecht greifen wir dem Geschehen bereits vor und begründen dieses auch: um uns der Hauptschlacht des Tages voll und ganz widmen zu können. Die Gefechtsorte Gohfeld und Mennighüffen gehören heute zu Löhne im Nordosten von Nordrhein-Westfalen. In diesem Begleit- oder Parallelgefecht zu Minden waren 14.000 Soldaten beteiligt und seine Bedeutung liegt darin, dass die bei Minden geschlagene Hauptmacht der Franzosen an einem geordneten Rückzug gehindert wurde. Wir erinnern daran, dass damals jeder Feldherr oder Schlachtenlenker daran interessiert war, einen angeschlagenen und mit dem Rückzug liebäugelnden Gegner nicht zur Ruhe kommen und hartnäckig verfolgen zu lassen.

Ab Anfang Juli 1759, als eine französische Armee unter den Marschällen Broglie und Contades die Festung Minden besetzt hatten – wir kommen darauf noch zurück – dass die alliierten Kräfte westlich der Stadt standen, bereiteten sich beide Seiten auf eine Entscheidungsschlacht vor. Die Franzosen achteten sehr auf ihre Nachschub- und Rückzugslinien zum Rhein hin, hier war es die alte Verbindungsstraße Bielefeld, Herford, Porta Westfalica. Das französische Oberkommando erkannte, dass der Gegner das Ziel haben müsste, diese rückwärtigen Verbindungen zu unterbrechen, und so stellte man eine Sicherungstruppe in Richtung Südwesten ab. Sie bestand aus 2.000 Mann Infanterie und Kavallerie und führte fünf Geschütze mit sich. Kommandiert von Jean-Paul-Timoléon de Brissac. Herzog Ferdinand verlegte starke Kräfte aus Preußen, Hannover, Braunschweig und Hessen über das Wiehengebirge nach Süden. Ihrem jungen Befehlshaber, der Erbprinz Karl Wilhelm Ferdinand von Braunschweig standen 10.000 Mann Infanterie und Kavallerie sowie 32 Geschütze zur Verfügung.

Die Franzosen, weiterhin um ihren Nachschub besorgt, besetzten vor allem Brücken, zum Beispiel die über die Else im Raum Bünde und die Gohfelder Werrebrücke. Hierauf baute der Erbprinz seinen Angriffsplan: Ziel war die Einkreisung und Zerschlagung der französischen Kräfte. Die Nächte sind noch kurz Anfang August, und schon um 3 Uhr morgens des 1. August brachen die Verbündeten auf. Die Franzosen bezogen Stellung zwischen der Werre und Börstel. So kam es, dass die mittlere Angriffsgruppe der Verbündeten früher als geplant Feindberührung hatte. Während Geschütze und Infanterie bei der Mündung des Mühlenbaches in die Werre Aufstellung nahmen, griff die Kavallerie zum ersten Mal an, wurde aber von den Franzosen abgewiesen. Anschließend entspann sich dann ein zweistündiges Artillerieduell.

Trotz seiner Unterlegenheit an Geschützen war Herzog Brissac entschlossen, seine Position so lange wie möglich zu halten: Es ging darum zu verhindern, dass die alliierten Truppen frei wurden und zu der inzwischen entbrannten Schlacht bei Minden abrücken konnten. Das Gefecht bei Gohfeld entschied sich, als die rechte Angriffsgruppe des Erbprinzen südlich der Gohfelder Brücke auftauchte, um den Franzosen in den Rücken zu fallen. Hiermit war die Stellung Brissacs unhaltbar geworden und er ordnete den Rückzug an. Dieser geriet durch das Eingreifen der nördlichen alliierten Gruppe unter Generalmajor von Bock zur regellosen Flucht.

Die Auswirkung des siegreichen Gefechts bei Gohfeld auf das Gesamtgeschehen des Tages war militärisch bedeutend: Den französischen Streitkräften wurde der Rückzug nach Südwesten gesperrt, mussten auf Kassel zurückweichen und waren für den Rest des Kriegsjahres 1759 sozusagen ausgeschaltet. Auf dem Kampfplatz von Gohfeld wurden über hundert Jahre später Knochen, Schädel, Kriegsutensilien wie Waffen, Feldkessel und Kanonenkugeln gefunden. Ein Teil des Geländes heißt bis heute „Blutwiese“, ein Gedenkstein erinnert an den 1. August 1759.

Nach unserer Vorstellung dieser Schlachten und Gefechte, darunter vier französische Siege, ist klargeworden, dass Friedrichs Lage „im Westen“ wenig optimistisch aussah. Immerhin blieben die Franzosen beschäftigt genug, ihren geplanten Vorstoß ins Herz Preußens oder eine massive Unterstützung der Österreicher und Russen aufzuschieben. Wir verlassen nun erst einmal Schlachtfelder und wenden uns einem Verbündeten Preußens zu, den wir bisher nicht genug gewürdigt haben: Großbritannien und seine Soldaten!

Rule Britannia...

Die Stimmung in England schlug nach dem Sieg bei Krefeld voll für den Festlandkrieg um. Der war natürlich bei einer Seefahrernation nie ganz populär gewesen und dem Volk der Insel war noch nicht wie später klar geworden, dass Großbritannien stets nur diejenige Nation bekämpfen würde, die es als stärkste des Kontinents ansah; noch war Germany nur das Kaiserreich eines Flickenteppichs von Duodez-, Klein- und Mittelstaaten, die so unabhängig vom Kaiser wie möglich sein wollten. In England lächelte man über „Staaten“ wie Lippe-Detmold, in der Kanonen von der westlichen bis zur östlichen Grenze, - oder umgekehrt -, schießen konnten.

Volksvertreter und das Volks selbst forderten nachdrückliche Maßregeln, die bereits auf dem Festland gegen Frankreich und für Preußen kämpfenden Regimenter zu verstärken und personell zu ersetzen und dabei nicht den

Seekrieg gegen Frankreich zu vernachlässigen. Premier Pitt soll durch seine „zündende Beredsamkeit" – sparkling eloquence – das ganze Parlament mit sich fortgerissen haben. Dieses bewilligte dann das nach Deutschland zu entsendende Hilfskorps von 8.850 Mann – ausgesuchte Truppen erster Wahl übrigens. Die Ankunft dieser Engländer in Emden, das ja ein preußischer Seehafen war, erregte das Staunen der Emdener und auch ihr Entzücken über soviel Harmonie und Vollkommenheit kriegerischer Angelegenheiten:

„Diese Krieger bildeten ein überaus schönes Korps an Menschen und Pferden. Ein Grenadier-Regiment hatte mit Gold und Silber reich gestickte Mützen mit dem Motto *„Nec timor – nec pavidus – weder Angst noch Furcht"*. Ein Kavallerie-Regiment ritt lauter Rotschimmel, - *roan* -, ein anderes Blauschimmel, - *blue* -, ein drittes bloß schwarze und ein viertes bloß kastanienbraune, sämtlich auserlesene Pferde."

Nachdem Preußen und Großbritannien am 11. April 1758 den Beistandspakt unterschrieben hatten, landete bereits am 21. April 900 britische Soldaten unter dem Kommando des Oberst Brüdenel in Emden. Und nach dem Sieg von Krefeld lief die Sache in einer großartigen Art und Weise ab, dass den Emdern die Augen aus den Köpfen traten und auch wir Heutigen nur staunen können: Am 29. Juli kam eine Flotte von 169 Schiffen über den Kanal heran und landete 10.000 englische und schottische Soldaten an. Ihre Anführer und Kommandanten waren Marlborough, John Waldegrave und Sackville. In Emden gab es keinen langen Halt, die Truppen marschierten nach Coesfeld, um sich am 20. August mit den Truppen Herzog Ferdinands zu vereinigen. Zur selben Zeit, dies nur nebenbei bemerkt, rüstete England neue Kaperschiffe aus, um Frankreichs Schiffsverkehr auf dem Kanal und in Richtung Amerika so viel wie möglich zu schädigen.

Vive la France

In Frankreich bildete sich 1758 eine Friedenspartei mit einem Teil des königlichen Rates, wo selbst der Dauphin für eine Beendigung des teuren Krieges eintrat. Doch weil ein militärischer Trottel, nämlich Ludwig XV. und seine verquere Freundin Pompadour das Sagen hatten, liefen alle Bemühungen ins Leere. Als der neuernannte Kardinal Bernis deswegen vorstellig wurde, blitzte auch er ab und wurde des Hofes verwiesen. Sein Nachfolger Herzog von Choiseul brachte im Gegenteil am 30. Dezember 1758 einen neuen Vertrag mit Österreich zustande.

Im selben Monat schlossen Preußen und England die schon erwähnte Übereinkunft für Hilfsgelder und Truppen. Sie verpflichteten sich ausdrücklich, keinen separaten Waffenstillstand oder Sonderfrieden abzuschließen. Nach dem Sieg bei Lutterberg durchzogen Soubises Truppen auf der Suche nach Geld und Fourage die benachbarten Provinzen und drangen bis zur Stadt Hameln vor. Man muss ihnen zugute halten, dass Not nicht nur erfinderisch sondern auch gewalttätig macht. Und es kamen Befehle des Kriegsministers Belle-Isle aus Versailles an Marschall Contades:

„Ich weiß keine andere Quelle für unsere dringenden Bedürfnisse, als das Geld, das wir aus den feindlichen Ländern ziehen. Diese müssen uns auch außer dem Gelde alles, was nur zum Unterhalt gehört, verschaffen: Heu, Stroh, Hafer, Brot, Korn, Vieh, Pferde, ja sogar Menschen, um unsere ausländischen Regimenter zu rekrutieren. Bis Ende des Septembers 1758 wird es nötig sein, eine gänzliche Wüste aus allen Gegenden zu machen, die vor der Front des Kordons liegen, den wir im Winter ziehen wollen, damit es Feind ganz unmöglich ist, sich uns zu nähern."

Und unter dem 5. Oktober 1758 hieß es lapidar:

„Sie, mein Herr, müssen ganz Westfalen in eine Wüste verwandeln, und in den Ländern an der Lippe und im Paderbornschen als den fruchtbarsten Provinzen muss alles bis auf die Wurzeln in der Erde ausgerottet werden."

Nicht alle Generale und Offiziere gehorchten. Aber die zivilen Intendanten meistens doch, wie die Tätigkeit eines Herrn Foulon in der Grafschaft Hanau beweist:

„Er ließ unter anderem, um seinen alles Maß übersteigenden Beitreibungen an Geld und Lebensmitteln mehr Nachdruck zu verschaffen, eine Anzahl vornehmer Bürger mehrere Tage lang ohne Speise und Trank in einem einzigen Raum einkerkern, den sie, wie erzählt wird, sogar nicht einmal zur Verrichtung ihrer Notdurft verlassen durften."

Der „Chef" aller Preußen, nämlich Friedrich II., der sich noch immer nicht damit abfinden mochte, gegen Frankreich kämpfen zu müssen und durchblicken ließ, dass die Verhältnisse dort einer Explosion entgegensteuern müssten, wurde gerade dort von gewissen Kreisen des Volkes bewundert; diese Leute mochten ahnen, dass es der Nation besser ginge, wäre auch ihr König aus preußischem Holz geschnitzt. Eine Anekdote ist bis in unsere Tage überliefert und spielt im „höchsten" Kreis: Danach soll der genannte Kriegsminister Belle-Isle halb im Ernst gewarnt haben, „man müsse den Krieg mit allem Nachdruck führen, sonst dürfte der König von Preußen demnächst in Paris zu begrüßen sein". Madame Pompadour soll schlagfertig geantwortet haben: „Gut! So werde ich endlich einen König sehen."

Ein Erkundungsritt

„Mein Kamerad", sagte Oberst von Rohdich, „möchte gern die Stimmung im Umland kennenlernen."
„Warum das?", fragte der Herzog.
„Er benötigt, sagte er, „diese selbst erlebten Angaben für die spätere Herausgabe seines Buch über den gegenwärtigen Krieg."
„Ist er ein guter Schreiberling?"
„Das scheint so."
„Werden oder wollen Sie mitreiten?"
„Nur wenn Sie es wünschen."
„Dann bleiben Sie bei mir, ich brauche Sie für die Begutachtung meiner Pläne, Ich werde ihm eine Eskorte von zwei Offizieren mitgeben, und außerdem soll sein Begleiter ein gewisser Franz Florenz Schrader sein."
„Den kenne ich nicht."
„Er ist Bürgermeister der Stadt Minden und den Franzosen im letzten Moment entwischt. Er kennt natürlich Land und Leute."

So ritten sie denn los! Von Berenhorst gab dem Oberst natürlich später seinen Bericht zum Korrekturlesen, hier ist er. Die Stimmung der Landleute ist nicht preußisch, aber den König verehrt man dermaßen, dass die Potsdamer und Berliner sich ein Beispiel daran nehmen könnten, Man ist zuerst westfälisch und hannöverisch orientiert, dann neuerdings britisch-königlich, weil die englischen Soldaten sich fabelhaft benehmen und zweierlei stattfindet: Erstens Versprechen der Soldaten an Bauerntöchter, „gewiss nach dem Krieg wiederzukommen“, und zweitens ein ähnliches Versprechen solcher Mädchen, „auf dich zu warten oder selbst nach England zu gehen, wenn es soweit ist“. Dieses „soweit“ bezog sich dann oft auf die bekannten „neun Monate“ – das kann man nun Völkerverständigung nennen.

Für die Franzosen allgemein, die man „Franzmänner“ zu nennen beginnt, hat auch die älteste Juffer nichts übrig. Sie sind hochmütig und nennen die Deutschen Barbaren, wie damals die Römer die Germanen. Die meisten Franzosen, die nicht in ihrer Hauptstadt leben, ahnen nicht, was sich dort zusammenbrodelt. Ihre Anführer hier in Minden versuchen, bei Requirierungen von Pferden und Lebensmitteln nicht zu rabiat vorzugehen, doch sie können nicht verhindern, dass kleinere Trupps und solche, die auf eigene Faust Beute machen wollen, auf Nimmerwiedersehen verschwinden – Moore gibt es hier überall.

Der König – ihr König? „Er kann nicht überall sein und hat in Schlesien genug zu tun!“ Die Kaiserin – ihre Kaiserin? „Sie holt Franzosen ins Land und diese Asiaten, auch Russen genannt!“ Ein Bauernsohn, der Soldat in Schlesien war und dem ein Reitersäbel die linke Hand abschlug und der deswegen „zu Muttern“ heimgehen konnte, will erfahren haben, „dass der Kaiser, also Mama Maria Theresias Mann, Geschäfte mit unserem König macht...“

Jetzt hofft man, dass es hier zu einer Schlacht kommt, „damit man endlich in Ruhe ernten, handwerkern und viele tausend Franzosen und Sachsen beerdigen kann. „Dafür den Spaten in die Hand zu nehmen lohnt sich – so ist halt der Kreislauf der Welt...“

Plötzlich riet es sich, das Weite zu suchen. An einem Hügel tauchten tauchten französische Gensdarms auf, zu unserem Glück zu Fuß, und begannen auf viel zu weiter Entfernung schießen. Da es gefährlich zu werden begann, wenn Berittene aus anderen Richtungen uns den Weg abschnitten, galt nur eins: preußisches Fersengeld geben!
„Da hat uns doch einer“, sagte von Berenhorst, „an die Franzosen verraten.“
Doch wie dem auch war: Eine schottische Kompanie schob sich zwischen uns und unsere Verfolger - „Gott segne König Georg II.!“
Von Berenhorst war ganz außer sich vor Begeisterung, noch vorm Herzog tönte er: „Man sollte, wenn es nicht zur Schlacht kommt, öfter mal Feinde aus ihren Verstecken locken, um sie dann gefangen zu nehmen oder niederzuschießen.“
Später gestand Bürgermeister Franz Florenz Schrader, „sich beinahe in die Hose gemacht zu haben“ – klar wenn sie ihn packten, würden sie ihn füsilieren.

Ehe es dunkel würde, musste die Karawane aufbrechen, denn der Herzog erwartete sie. Eine komplette Kompanie Grenadiere begleitete die Kutsche, die bei offenen Fenstern fuhr, so dass die Insassen noch lange die eingängige Melodie des „Rule Britannia“, in der Ferne verklingend, hören konnte. Friedrich Wilhelm von Rohdich, ein Veteran von Leuthen, hörte innerlich den gleichnamigen Choral mit:

„Nun danket alle Gott, der große Dinge tut an allen Enden.
Der uns vom Mutterleib an lebendig erhält
und uns alles Gute tut. Er gebe uns ein fröhliches Herz und
verleihe immerdar Frieden zu unserer Zeit und dass seine

Gnade stets bei uns bleibe und uns erlöse, solange wir leben.“

Es ist bis heute nicht klar, ob Friedrich II. oder der Herzog von Braunschweig den Bericht von Berenhorsts je in den Fingern hatten, gar gelesen haben. Auch „unser“ Oberst bekam ihn nicht...

Menschen und Mächte – Haupt- und Nebenpersonen einer Schlacht

Schlachten benötigen Menschen vom Generalfeldmarschall herunter zum Feldherrn, General, Obristen (Oberst), Hauptmann, Leutnant, Feldwebel, Unteroffizier bis zum „Gemeinen“, wie man früher formulierte. Alle diese Genannten waren damals Befehlsempfänger unterschiedlichen Grades, denn ein „Herrscher“ stand noch über ihnen, ein Kaiser oder König meistens. War er wie Friedrich von Preußen Fachmann in Sachen „Krieg und Frieden“, musste „Order pariert“, also gehorcht werden; standen im Hintergrund militärische Laien wie hier bei uns Maria Theresia und ihr Mann, oder Ludwig XV. und seine Freundin, oder eine Zarin oder ein britischer Georg, dann brauchten sie diese Feldmarschälle. Deren Lebenselixier war natürlich der Krieg, im 18. Jahrhundert speziell den Kabinettskrieg, nicht den späteren Völkerkrieg der Napoleonzeit.

Nicht nur der gemeine Soldat sondern auch die jungen Herren Offiziere, vorerst durchweg dem Adel entstammend, waren oft genug „Überläufer“, welche den Brotherrn öfter wechselten als ihren Uniformrock und wodurch sie dann durchaus Bruder gegen Bruder, Vetter gegen Neffe und Onkel gegen Schwiegersohn fochten.

„Wes Brot ich ess – des Schwert ich führ."
Sagten die deutschsprachigen Soldaten aus Preußen, Österreich, der Schweiz, Sachsen, Bayern, Württemberg und Hannover.
Die britischen Soldaten sagten: „Wes bread I eat – the sword I lead."
Die Soldaten Ludwig XV. sagten: „Wes pain que je mange – l'épée que je mène."
Die holländischen Soldaten sagten: „Ik brood dat ik eet – het zwaard dat ik leid."
Maria Theresias Bosniaken sagten: „Wes hleb jedem – mâc kojeg vodim."
Maria Theresias Kroaten sagten: „Wes kruh jedem – mâc koji vodim."

* * * * * *

Wir stellen die führenden Männer der kommenden Schlacht nun vor und beginnen natürlich mit den Alliierten. Über den ersten Mann gab es nie eine Diskussion, denn er war von König Georg gewünscht und von König Friedrich genehmigt worden: **Ferdinand von Braunschweig-Wolfenbüttel.** Laut Lexikon war er Prinz von Braunschweig-Wolfenbüttel-Bevern und ab 1735 Prinz von Braunschweig-Wolfenbüttel. Er war einer der Herzöge von Braunschweig und Lüneburg und führte den entsprechenden Titel. Er war ein Generalfeldmarschall in preußischen, kurhannoverschen und brtitischen Diensten.

Ferdinand wurde am 12. Januar 1721 in Braunschweig als vierter Sohn geboren und starb – wir greifen vor – am 3. Juli 1792 in Vechelde. Sein Vater war der Fürst Ferdinand

Albrecht gleichen Namens. Über Ferdinands Kindheit und Jugend ist hier nichts zu vermelden. Das traditionell gute und enge Einvernehmen des Welfenhauses mit dem Haus Hohenzollern wurde am 12. Juni 1733 noch vertieft, als Ferdinands Schwester Elisabeth Christine mit Kronprinz Friedrich von Preußen verheiratet wurde. Als Welfe war Ferdinand ein Ausländer, aber als Fürstensohn ohne Erbe auf einen Dienst im Ausland angewiesen. Der Wiener Hof, wie Friedrich stets auf der Suche nach militärischen Talenten, zeigte Interesse an Ferdinand, doch sein Bruder Carl drängte ihn zum Eintritt in die Preußische Armee.

In den hohen Kreisen der Gesellschaft ging der militärische Aufstieg schneller vonstatten als in den niederen: 1740 wurde Ferdinand Oberst und Chef des teilweise aus dem braunschweig-wolfenbütteler Regiment „Sommerlatte" errichteten preußischen Füsilier-Regiments 39. Weil sein Regiment zu der Zeit noch nicht voll aufgestellt war nahm er als Freiwilliger am Feldzug von 1741 gegen Österreich teil. Dort begann, während der Schlachten von Mollwitz und Chotusitz, die enge Bindung an seinen Schwager Friedrich von Preußen. Nach dem Ende des Ersten Schlesischen Krieges blieb er des Königs Gesellschafter und wurde noch schnell zum Generalmajor der Infanterie befördert.

Bei Ausbruch des Zweiten Schlesischen Krieges zog er mit seinem Regiment unter Fürst Leopold I. von Anhalt-Dessau nach Böhmen und wurde nach seiner Rückkehr zum Kommandeur des Ersten Bataillons Garde des Königs befördert und begleitete Friedrich 1745 zur Armee nach Schlesien. In der Schlacht von Hohenfriedeberg am 4. Juni eroberte er mit seiner Brigade das Dorf Thomaswalde und erstürmte bei Soor am 30. September eine vom Feind besetzte Höhe.

Dann kam die Friedenszeit bis 1756. Ferdinand genoss weiterhin die Gunst seines Königs, der ihn nach Potsdam in Garnison legte und ihn zu den fälligen Inspektionsreisen mitnahm. Der soldatische Aufstieg ging zügig weiter: 1750 Generalleutnant, 1752 Gouverneur der Festung Peitz in der Lausitz, 1755 Gouverneur von Magdeburg und Chef des Regiments Bonin. Dann der Ausbruch des Dritten Schlesischen, siebenjährigen Krieges! Ferdinand führte eine der Armeen, die in Sachsen einbrach, Leipzig besetzte und am 13. September nach Böhmen aufbrach. In der Schlacht bei Lobositz am 1. Oktober 1756 befehligte er den rechten Flügel. Es folgte 1757 der weitere Einmarsch in Böhmen und die Schlacht von Prag am 6. Mai und die Belagerung der Stadt. In der preußischen Niederlage von Kolin war er darum nicht dabei. In der Schlacht bei Roßbach im November befehligte er wieder den rechten Flügel.

* * * * * *

Nun sind wir „in seiner Gegenwart" angelangt. Wir wissen, dass der König ihn nur zögernd zum westlichen Kriegsschauplatz abgehen ließ; aber es war gute und richtige Entscheidung. Friedrich und Ferdinand, urteilten Zeitgenossen, ähnelten sich sehr: Im Ausnutzen der Schwächen unentschlossener Gegner, im Vor- und Zurückgehen, Austeilen großer und kleiner Hiebe. Wie Friedrich selbst wird auch Ferdinand ein paarmal geschlagen, ohne dass er den Mut verliert und aufgeben will, und wie in Schlesien, Böhmen und Mähren zieht sich auch im Westen der Krieg hin und her: Hessen und Westfalen sehen die Franzosen kommen und gehen, Städte wechseln die Besitzer, mal steht Ferdinand bei Hamburg, dann bei Münster, Paderborn oder am Rhein. Er kann die Franzosen nicht so vernichtend schlagen, dass sie abzuschreiben sind, dafür ist er zu schwach. Am 9. November 1758 ernennt Friedrich Ferdinand zum General der Infanterie, am 17. Dezember des Jahres zum Generalfeldmarschall; (den Rang eines Generalobersten gab es noch nicht).

Wir wissen, dass der Brite Cumberland abgelöst und Ferdinand an seine Stelle gesetzt wurde. Für Friedrich läuft seitdem alles schon besser und in einem Schreiben vom 4. April 1758 jubelt er:
„Hurra, lieber Ferdinand! Das geht ja wunderschön! Sehen Sie wohl, dass die Offensive besser ist als die Defensive? Cumberland muss sich vor Ihnen schämen. Mit derselben Zahl von Truppen wie die, die unter Ihrem Oberbefehl stehen, führt er nichts aus und benimmt sich wie ein Kujon. Nun werden Sie mit den Franzosen bald fertig werden. Stehen Sie aber erst am Rhein, so müssen Sie in Ihren Plänen und Maßnahmen ein Fabius und im Schwadronieren ein Hannibal werden."

Wir müssen nun in Ferdinands Lebenslauf vorgreifen. Friedrich schreibt:
„Dieser Feldzug ist der schwierigste von allen. Indessen muss man gegen den Strom schwimmen und gegen diese sich immer erneuernde Hydra von Feinden kämpfen, bis wir den letzten ihrer Köpfe abgeschlagen haben."
Und Anfang 1760 drückt Friedrich sich wieder einmal pessimistisch aus:

„Sie ersehen aus den Briefen von Wien und Paris, welche Pläne meine Feinde gegen mich im Schilde führen. Wenn Frankreich nicht seinen Frieden mit England schließt, sind wir rettungslos verloren, weil wir zu viele Feinde haben, weil es zu viele Leute gibt, die durch die uns zugestoßenen Unfälle ermutigt sind, und weil die innere Vortrefflichkeit unserer Truppen offenbar zurückgegangen ist. Sie können jetzt nur an meine Grabschrift denken...“
Wir tragen für die Zukunft nach, dass diese Freundschaft nicht ewig währte...

Graf Wilhelm Friedrich Ernst zu Schaumburg-Lippe. Geboren am 9. Januar 1724 in London, gestorben am 10. September 1777 auf Haus Bergleben, war ein hochgebildeter und erfindungsreicher Theoretiker und doch wichtiger Teilnehmer der anstehenden Schlacht; wir werden darüber noch während des Schlachtverlaufs zu berichten haben.

Er war der zweite Sohn des Grafen Albrecht Wolfgang zu Schaumburg-Lippe und einer Gräfin von Oeynhausen. Sein Werdegang war international: Schulausbildung in Genf, Studium in Leiden und Montpellier und Militärdienst als Fähnrich in der Leibgarde des Königs von England. 1742 stieg er zum Erbprinzen auf, weil sein älterer Bruder Georg in einem Duell gefallen war, und musste damit nach Bückeburg zurückkehren. Obwohl das kleine Fürstentum bedacht sein musste, sich mit keinem größeren Nachbarn anzulegen, oder vielleicht gerade darum, war sein Vater damals General in holländischen Diensten, der Sohn musste mit und zeichnete sich in der Schlacht von Dettingen 1743 aus. Dann nahm er als Freiwilliger im kaiserlichen Heer am Feldzug in Italien teil. Wilhelms Theorie war, stark genug zu sein, um eine leichte und rasche Annexion seines Landes, die von Hessen-Kassel drohte, zu verhindern.

Wer damals eine solide soldatische und militärische Lehre machen wollte, begab sich zum Meister Friedrich II. von Preußen nach Potsdam oder Berlin; Wilhelm tat es und gehörte bald wegen seiner Sprachkenntnisse und Bildung zum Kreis um Voltaire, wenn dieser in Sanssouci weilte. Später folgten noch Bildungsreisen nach Italien und Ungarn. Als der Siebenjährige Krieg ausbrach, stand er auf der Seite Preußens und stellte der alliierten Armee gegen die Franzosen ein eigenes Kontingent auf, wurde Generalmajor und erhielt zahlreiche Anerkennungen und Auszeichnungen. 1759, gerade recht zu „Minden“, wurde er Oberbefehlshaber der Artillerie des verbündeten Heeres und trug wesentlich zum Sieg in dieser Schlacht bei.

Seine Theorien zum Verteidigungskrieg müssen hier noch angeschnitten werden, um zu verstehen, warum sein Name der Nachwelt erhalten bleiben muss.

„Kein anderer als der Defensivkrieg ist rechtmäßig.“
Das war für damalige Zeiten eine kühne Behauptung! Wilhelm entwickelte die Strategie der „befestigten Landschaften“, wobei Stützpunkte mit bewaffneter Bevölkerung gebaut werden und Soldaten, damit sie stets vor Ort zur Verfügung standen, sogar in der örtlichen Landwirtschaft arbeiten sollten. Er griff gedanklich weit vor und sprach von allgemeiner Wehrpflicht und von einer Abschaffung von Prügelstrafen für Soldaten. Sein bestes und haltbarste Denkmal hat sich Wilhelm selbst errichtet: Die Festung Wilhelmstein im Steinhuder Meer, 1,25 Hektar groß und

heute ein beliebtes mit Booten zu erreichendes Ausflugsziel.

Karl Wilhelm Ferdinand von Braunschweig-Wolfenbüttel. Geboren am 9. Oktober 1735 in Wolfenbüttel, gestorben am 10. November 1806 in Ottensen bei Hamburg, war ererbter Herzog zu Braunschweig und Lüneburg und ab dem 26. März 1780 regierender Fürst im Teilfürstentum Braunschweig-Wolfenbüttel. Die schon enge Beziehung zu Preußen wurde durch die Heirat seines Vaters Karl I. mit Friedrichs Schwester Charlotte noch gefestigt, und Karl Wilhelm durfte im Kreis seiner dreizehn Geschwister als Erbprinz eine angemessene Erziehung. Weil diese enge Beziehung auch einen Subsidienvertrag zugunsten Braunschweigs enthielt, in dem das Fürstentum Truppen an Preußen zur Verfügung stellen musste, kämpfte Karl Wilhelm im Siebenjährigen Krieg für Preußen bei Hastenbeck, Minden und später bei Warburg mit. Er ist der Sieger des schon geschilderten Gefechts von Gohfeld. Er brachte es später noch bis zum preußischen Generalfeldmarschall und Oberbefehlshaber.

August Friedrich von Spörcken. Geboren am 28. August 1698 in Harburg, gestorben am 13. Juni 1776 in Hannover, war ein kurfürstlich braunschweig-lüneburgischer Feldmarschall und kommandierender General im Siebenjährigen Krieg. Sein Leben verlief durch und durch militärisch. Bereits als Siebzehnjähriger trat von Spörcken als Fähnrich beim 3. Infanterie-Regiment in den Militärdienst ein, wurde 1716 als Leutnant in das Garderegiment nach Hannover versetzt und rückte 1733 zum Oberstleutnant auf. Auch er wie so viele seinesgleichen hatte er den Wunsch, seine militärische Weiterbildung in der Praxis des Krieges zu erweitern. So durfte er die kriegerischen Ereignisse um die polnische Thronfolge am Rhein 1734 und 1735 als Freiwilliger miterleben.

Der Krieg um die österreichische Erbfolge 1740 sah von Spörcken zum ersten Mal aktiv teilnehmen, 1742 wurde er Oberst und Kommandeur eines Infanterie-Regiments. Da ging es zunächst nach Brabant, wo die pragmatische Armee nach Frankreich vorrücken sollte. Im Frühjahr 1743, nachdem König Georg II. den Oberbefehl übernommen hatte, an den Main, wo von Spörcken am 27. Juni 1743 bei der siegreichen Schlacht von Dettingen mitwirkte. Die Truppen Hannovers, um die es hier ja geht, wurden dann in den Niederlanden versetzt, wo Spörcken bis 1748 verblieb. An der Spitze seines Bataillons kämpfte er hier in den Schlachten von Fontenoy, Rocour und Lauffeld. Eine Verwundung in der Brust hielt ihn für neun Monate vom Kriegsgeschehen fern, bis erwieder am Hals verwundet wurde. 1747 wurde von Spörcken zum Generalmajor befördert und kehrte im Oktober 1748 in seine Garnison in Münden zurück.

Abenteuerlich ging es in seinem Leben weiter, weil Hannover in den Siebenjährigen Krieg verwickelt wurde. Noch vor Beginn der Feindseligkeiten – seit 1754 war von Spörcken Generalleutnant geworden – ging er unter dem Kommando des Generals Sommerfeld nach England, weil man dort eine Invasion Frankreichs befürchtete. Sie fand nicht statt, und so konnten die Truppen auf den westlichen Kriegsschauplatz zurückverlegt werden.

Damit geriet von Spörcken in den Machtbereich des neuen westlichen Befehlshabers Herzog Ferdinand von Braunschweig. In der von Ferdinand ausgegebenen „Ordre de Bataille“ wird von Spörcken als Kommandeur des 2. Treffens mit 18 Bataillonen und ebenso vielen Schwadronen aufgeführt. Bei einem Angriff auf die französischen Stellungen bei Celle führte er die gegebenen Anweisungen zur Zufriedenheit Ferdinands aus. Dann begann 1758 der Vormarsch zum Rhein, am 8. Juni wurde der Fluss überquert und am 23. erfolgte die schon geschilderte Schlacht von Krefeld. Im Lauf des Sommers wurde von Spörcken zum General der Infanterie befördert.

Als der Feldzug von 1759 begann und Ferdinand sich mit dem Hauptteil seines Heeres nach Hessen wandte, blieb von Spörcken zur Deckung Westfalens zurück. Damit verlassen wir diesen fleißigen Krieger und werden ihn am 1. August 1759 zeitweise begleiten.

* * * * * *

George Germain 1. Viscount Sackville. Geboren am 26. Januar 1716 in London, gestorben am 26. August 1785 in Sussex, war britischer Soldat und Politiker. Bis 1720 führte er den Namen Hon. George Sackville, von 1720 bis 1770 Lord George Sackville. Seine soldatische Karriere begann er als Hauptmann im 7. Kavallerie-Regiment. Schon 1740 wechselte er als Oberstleutnant in ein Infanterie-Regiment über, das nach Deutschland geschickt wurde, um am österreichischen Erbfolgekrieg teilzunehmen. Seine Feuertaufe erhielt Sackville 1745 bei Fontenoy bei einer Attacke des Herzogs von Cumberland. Dort geriet er verwundet in französische Gefangenschaft, aus der er bald entlassen wurde. 1747 bis 1748 diente er Cumberland in den Niederlanden.

Ab 1753 versuchte er sich in der Politik und wurde Abgeordneter, doch dann holte ihn der Krieg wieder ein. 1755 wurde er zum Generalmajor befördert und mit der Ausrüstung der Truppen beauftragt. 1758 kämpfte er als Generalleutnant unter dem Herzog von Marlborough als Teil der alliierten Truppen in Deutschland. Nach des Herzogs Tod übernahm er das Oberkommando über die britischen Truppen. Wie er sich in der Schlacht bei Minden aufführte, werden wir noch darlegen. Doch sein militärisches Scheitern, das seinen Ursprung in der Schlacht hatte, lautet nach dem Spruch des Gerichts „unfähig, Seiner Majestät in irgendeiner militärischen Funktion jedweder Art zu dienen“ – ein hartes Urteil, das vor allen Regimentern verlesen werden musste. Der König entließ ihn...

John Manners, Marquess of Granby. Geboren am 2. Januar 1721 in Kelham, gestorben am 18. Oktober 1770, war ein in der Bevölkerung Englands sehr populärer Generalleutnant. Wir wollen das Private dieses Lebemannes hier nicht ausbreiten und uns aufs Militärische unserer Abhandlung beschränken. 1755 wurde Granby zum Generalmajor ernannt. Was er selbst nicht glauben wollte, geschah. Großbritannien war ab 1756 an einer Verteidigung Nordwestdeutschlands gegen die Franzosen interessiert – darüber berichteten wir bereits – und schickte erst einmal eine Brigade Truppen herüber, deren zweiter Befehlshaber Granby wurde und im Februar 1759 zum Generalleutnant aufstieg.

* * * * * *

In der Rangfolge der verantwortlichen Männer Frankreichs für den Krieg in Deutschland steht natürlich Ludwig XV., der sich von Österreich trotz zahlreicher Warnungen zu dem Krieg gegen Preußen hinreißen ließ. Wir haben schon angedeutet, dass es historisch nicht klar ist, wie weit seine Mätresse daran beteiligt war. (Im allgemeinen sind Mätressen am Frieden und nicht an Kriegen interessiert!) Am Zustandekommen der Allianz gegen Preußen waren Politiker, nicht Militärs beteiligt, und sie hielten die Flamme am Kochen. Francois-Joachim de Pierre de Abbé Bernis war 1757 Außenminister und riet zum Frieden, so dass er 1758 durch Ètienne-Francois de Choiseul ersetzt wurde. Wie in Preußen und allen anderen Staaten Europas auch dominierten hochadelige Personen die militärischen Ränge unterhalb der Könige und Kaiser. Aber die Stühle, auf denen sie saßen, mochten wertvolle, heute begehrte Meisterarbeit sein – sie waren gleichzeitig Schleudersitze. Das galt für Frankreich mehr als für Großbritannien oder Preußen:
„Gestern noch auf stolzen Rossen..., Hier sur les chevaux fiers..., Yesterday on proud horses“ oder „Heute Freund – morgen Feind, Aujourd’hui ami – l’ennemi de demain oder Today friend – tomorrow enemy.“ Wir stellen einige Gegenspieler des Herzogs Ferdinand vor.

Louis Francois Armand des Vignerot du Plessis. Geboren am 13. März 1696 in Paris, gestorben am 8. August 1788 dortselbst. Er war der 3. Herzog von Richelieu und besaß noch acht oder neun andere Titel, die hier nicht zählen; außer Mitglied der Académie francaise und seit 1748 Marschall von Frankreich. Seine militärische Karriere sah so aus: Im österreichischen Erbfolgekrieg zeichnete er sich in den Schlachten von Dettingen und Fontenoy aus, drei Jahre später bei der Verteidigung Genuas. Zu Beginn des Siebenjährigen Krieges vertrieb er 1756 die Engländer aus Menorca und führte 1757 und 1758 gefürchtete Raubzüge zur Ernährung der französischen Truppen im Kurfürstentum Braunschweig-Lüneburg durch, mit denen er sich den Spitznamen „Petit Père de la Maraude“ erwarb, sich also als „Marodeur“ betätigte. Sein Lebenslauf ist ein gigantischer Steckbrief einer Epoche, die sich auf Kosten unmündig gehaltener Mehrheiten ernährte und finanzierte.

Charles de Rohan, prince de Soubise. Geboren am 16. Juli 1715 in Paris, gestorben am 4. Juli 1787 dort. Er war ein französischer Offizier und Staatsmann und ab 1758 Marschall von Frankreich und als Fürst von Soubise ein Pair von Frankreich. Er begleitete Ludwig XV. als Adjutant in den Feldzügen von 1744 und 1748, weswegen er 1748 zum „Maréchal de camp“ und 1751 zum Gouverneur von Flandern und des Hennegaus ernannt wurde. Im Siebenjährigen Krieg wurde er zuerst auf dem westlichen Kriegsschauplatz eingesetzt und mit einem Korps von 24.000 Mann betraut, eroberte dann die preußische Stadt Wesel, besetzte Kleve und vereinigte sich dann mit der deutschen Reichsarmee, um Sachsen von den Preußen zu befreien. Dadurch kam es am 5. November 1757 zur Schlacht bei Roßbach, die er verlor. Dennoch hielt ihm Ludwig XV. bei der Stange und sandte ihn 1758 zusammen mit Victor-Francois de Broglie wieder auf den westlichen Kriegsschauplatz.

Victor-Francois de Broglie. Geboren am 19. Oktober 1718 in Broglie, gestorben am 30. März 1804 in Münster. Auch er war ein Heerführer und Staatsmann und einer von sieben Marschällen von Frankreich. Für den Siebenjährigen Krieg ist seine Karriere sehr beeindruckend: Die Schlacht bei Hastenbeck unter Marschall d'Estrée und die Schlacht von Roßbach unter Soubise, dann eroberte er 1758 Kassel, siegte im Gefecht bei Sandershausen, wurde Kommandant von Frankfurt und siegte bei der Schlacht von Bergen – dafür wurde er vom deutschen Kaiser zum Reichsfürsten erhoben. Sein Stern erlosch auch nicht, als er „unsere" Schlacht verlor.

Louis-Georges-Erasme de Contades. Geboren am 2. Oktober 1704 in Anjou, gestorben am 19. Januar 1793 in Livry. Schon mit 16 trat er in die französische Armee ein. 1758 war er bereits Maréchal de France. 1759 erhielt er den Befehl über die gesamte französische Armee in Deutschland und nach dem Sieg Broglies bei Bergen drang er durch Hessen und Westfalen bis zur Weser vor, wird aber – wir greifen vor – die Schlacht vom 1. August verlieren. Darauf scheinen „seine Kollegen" nur gewartet zu haben: Er wurde vom Kommando abberufen.

Louis-Charles-César Le Tellier. Geboren am 2. Juli 1695, gestorben am 2. Januar 1771. Er wurde am 24. Februar 1757 Marschall von Frankreich und erhielt im März des Jahres den Oberbefehl der Armee in Deutschland. Er ging über die Weser und nahm in Münster vom 25. Mai bis zum 4. Juni im vom Münsterschen Artilleriegeneral und Baumeister Johann Conrad Schlaun fertig gestellten Erbdrostenhof sein Hauptquartier. Er besiegte zwar den britischen

Herzog Cumberland in der Schlacht bei Hastenbeck, musste aber wegen interner Querelen den Oberbefehl an den Herzog von Richelieu abgeben. Seit 1763 durfte er sich aber *Duc d'Estrées* nennen.

Im Vorfeld einer Schlacht

„Unser“ fragliches Gelände war im Zuge des Westfälischen Friedens von 1648 Kurbrandenburg zugeschlagen worden und somit an Preußen gefallen, mit ihm die Grafschaft Ravensberg – ein besonderer Grund für Frankreich, beide zu besetzen. Rundum gab es „Ausland“ im damaligen Sinn: das Hochstift Osnabrück, die Grafschaft Hoya, das Stift Loccum und die Grafschaft Schaumburg-Lippe und nochmal getrennt die Grafschaft Lippe. Im Fürstentum Minden lebten damals rund 55.000 Menschen.

Was uns heute dicht besiedelt und „aufgeräumt“ erscheint, durch Ortschaften, Gehöfte, Güter und landwirtschaftliche Flächen sehr geordnet, war damals „Ödnis“ – ein Begriff, der heute veraltet und ungebräuchlich geworden ist: Wenig fruchtbare Sandböden, die heute durch Düngung natürlicher und künstlicher Art fruchtbar und ertragreich gemacht werden; Heideflächen, welche damals nichts anderes hergaben als Weidemöglichkeiten für Schafe; Moore, wie Hoch- und Torfmoore, in denen der Torf in unendlich mühsamer Art und Weise abgebaut wurde.

(Gerade um diese Zeit – wir fügen das ein – versuchte Friedrich II. von Preußen solche Gegenden, zum Beispiel in Ostfriesland, zu kolonisieren und so genannte „Moorhantjes“ anzusiedeln. Doch damals musste das schiefgehen, weil es nicht genug Viehmist als Dünger gab und Kunstdünger noch nicht zur Verfügung stand.)

Dann gab es noch die Feuchtmoore: Nur für Kenner begehbar und Fluchtorte vor marodierenden Soldaten, von Truppeneinheiten nicht begehbar. Über den Umfang derartiger „kampfbehindernden“ Flächen wissen wir heute wenig, nur Rudimente, heute Schutzgebiete, sind erhalten geblieben. Wer sich heutzutage diese Ländereien gedanklich vorstellen kann, dem fällt es nicht schwer, die Schwierigkeiten zu erkennen, die von „Schlachtenlenkern“ der Zeit wohlbeachtet werden mussten.

Damit wird klar, dass in die Landschaft einbrechende Gegner, hier Franzosen und Völker der Reichsarmee, gegenüber Kennern der Verhältnisse, hier Herzog Ferdinand zum Beispiel, im Vorteil sind. Überhaupt werden wir in dieser Abhandlung erfahren, dass die französischen Truppenführer in der Aufklärung und Vorfühlung zu einer Schlacht weniger gründlich vorgingen als die Preußen – das hatte Friedrich seinen Generalen eingebläut:

„...Bei allen Märschen ist eine gute Avantgarde nötig, die den Marsch aufklärt. Die Zahl der Kolonnen richtet sich nach der Anzahl der Straßen, die man vorher sorgfältig rekognoszieren lässt. Die Kavallerie darf nicht durch Wälder marschieren. Trifft sie unterwegs auf solche, so gibt man ihr einige Infanterie-Bataillone zur Bedeckung. Wenn man vom Feind entfernt ist, müssen die Husaren bei der Avantgarde, auf den Flanken der Armee und bei der Arrieregarde sein... Die Avantgarde darf der Armee nur um eine Viertelmeile vorausmarschieren, in der Höhe des Feindes nur auf 1.200 Schritt...“

Wir klären hier den in fast allen älteren Schriften auftauchenden Begriff „Schritt“ auf, zum Beispiel den Befehl Friedrichs, „erst auf 150 Schritt vom Feind das Feuer zu eröffnen“ oder „die Wirkung des Gewehrs ging nur bis höchstens 300 Schritt“. Zu rechnen ist immer hier in unseren Angaben 100 Schritt gleich 75 Meter.

Das damals noch wilde und wenig erschlossene freie Gelände, das wir oben kurz geschildert haben, bot aber nicht nur Behinderungen des Vorwärtskommens und Angreifens, sondern auch Möglichkeiten vorteilhafter Verteidigung im Defensivkrieg und fürs Lagern: Stand oder lag man mit der Armee oder Teilen derselben direkt neben einem Sumpf- oder Moorgebiet, so war man an einer Seite gegen Überraschungen und Umgehungen gedeckt. Statt Sumpf und Moor konnte es auch ein Fluss oder Strom sein, hier die noch unregulierte Weser, welche von der Porta Westfalica kommend nach Norden fließend nah an der Festung Minden vorbeifloss. Und sogar, das Festungsgelände teilend, hindurchfloss.

Rechts des Stroms lagen die Dörfer Lerbeck, Neusen, Meißen, Dankersen, Hasenkamp, Aminghausen, Leteln. Links, dem eigentlichen Aufmarsch- und Schlachtgelände zu, lagen Hahlen, Hartum, Malbergen, Kutenhausen, Stemmer, weiter entfernt Süd- und Nordhemmern, Holzhausen, Eickhorst und Hille. Straßen und Wege, die in ihrer Beschaffenheit mit unseren heutigen Vorstellungen nichts zu tun haben – welche wir aber heute gerne „bewandern“ würden – verbanden Minden und die Orte miteinander. Denn Handel und Wandel waren seit altersher rege und notwendig, wenn die Landwirte in der Stadt verdienen und die Einwohner genug zu essen haben wollten.

Jeder Krieg ließ in Städten die Bevölkerungszahl und derjenigen Personen, welche eine Besatzung bildeten, stark ansteigen. Um zu erfassen, welch eine „Logistik“ dadurch in Gang gesetzt wurde, geben wir einmal Zahlen und Leistungen bekannt, die ein preußisches Regiment von 1.500 bis 1.700 Soldaten verursachte. Es wurde begleitet von einem Brotwagen je Kompanie und über 300 Pferden, welche diese Brotwagen, die Mehlsäcke, Zelte, Geschütze, Munitionswagen, Feldapotheken, Stabs- und Offizierswagen ziehen und als Reitpferde für die Offiziere dienen mussten. Cirka 150 so genannte Trossknechte gehörten zur „Bedienung“ des Regiments einschließlich der Prediger und Ärzte, meist Feldschers genannt.

Der uns schon bekannte Johann Wilhelm von Archenholz beschreibt die Zustände in der französischen Armee von 1758, die bald bei Minden geschlagen werden wird:
„Man fand alles in den französischen Lagern, was nur der Luxus in den glänzendsten Großstädten zu bieten hat. Alle und jede Bedürfnisse, von den einfachsten bis zu den künstlichsten, waren hier vorhanden. Kramladen ohne Zahl, ganze Magazine von seidenen Stoffen, Galanteriewaren, wohlriechenden Essenzen, Sonnenschirme, Haarbeutel und Schminkdosen. Einst befanden sich bei den Wagen des Prinzen Soubise 12.000 Wagen, die Krämern und Marketendern gehörten, ohne den Tross der Offiziere zu rechnen. Bei der Garde du Corps hatte die aus 139 Reitern bestehende Schwadron des Herzogs von Villeroy allein 1.200 Pferde in ihrem Gefolge. Man gab Bälle im Lager, und nicht selten verließ der französische Offizier seine Feldwache, um in der Nähe ein Menuett zu tanzen...“

Im Vorfeld der Schlacht befanden sich 100.000 zusätzliche Menschen im Weichbild Mindens. Wo, laut nicht ganz zuverlässigen Zählungen von 1750, nur etwas mehr als 50.000 Menschen lebten; bei geschätzten 53 auf einen Quadratkilometer.

Nachdem Ferdinand etwas übermüdet von Behrenhorst „in die Federn geschickt“ hatte, bat er den Oberst „um einige Minuten des Bleibens“.

„Mir ist ganz flau im Magen“, gab er dann zu, „wegen des Streiches, den wir morgen den Franzosen liefern wollen.“

„Sie haben ihn verdient“, antwortete von Rohdich, „denn dieser sogenannte Hochadel zu Pferd zählt zu den größten Ausbeutern in Sachen kleine Leute, und Schindern, die in Europa zu Hause sind. Kürzlich war ich dabei, als Voltaire dem König berichtete, die Pariser brüllten auf den Straßen der Stadt bereits *a la lanterne*, also an die Laterne, und Steine flögen an königliche und gräfliche Kutschen – wenn das keine Vorzeichen zur Revolution sind, Herr General, dann gibt‘s keine.“

„Sie setzen sich für soziale Belange ein?“, fragte der Herzog.

„Ja, ich stamme aus Schweden und von kleinen Leuten und habe gelernt – auch unter der Dame, die hoffentlich bald meine Frau sein wird – sie zu achten und nicht sinnlos auszubeuten.“

„Ich meine nur“, sagte Ferdinand jetzt wieder militärisch, „unser Plan ist ganz und gar unmilitärisch, stellt sogar eine Falle dar.“

„Kennen Sie einen hohen Feldherren – zum Beispiel Hannibal, Caesar, Alexander, Karl und dergleichen, der nicht zu Fallen, List und gar Verrat gegriffen hat, um zu siegen?“

„Aber wenn wir morgen nicht siegen?“
„Dann sind wir Hinterlistige und erledigt. Der König wird uns dann verabschieden, oder?“
Der Herzog von Braunschweig entließ den Oberst mit „Für Preußen, König und Vaterland!“

Die Tiere im Krieg

Wir können nicht umhin, noch vor den Menschen der Tiere zu gedenken, die, so ein Soldatensprichwort, „hier bei uns die letzten Heuler waren“. Den Soldaten mochte ihr Schicksal nicht grauslich vorkommen, denn ob Krieg oder nicht, sie wurden doch aufgegessen. Nur eines nicht: das Pferd: „Es war Kriegs- und Schlachtteilnehmer“!
Der Autor erlaubt sich, einen Artikel zu diesem Thema, den er vor zwanzig Jahren in der Zeitschrift „Das Mecklenburger Pferd“ zum ersten Mal veröffentlichte, hier erneut zu zeigen, denn er passt gut hierhin:
„Soweit unsere Kenntnisse historischer Kriege reichen, hat der Mensch Pferde in seine Kriege direkt einbezogen: Aber auf uralte Daten und Fakten können wir hier nicht eingehen, doch eines sollten wir immer wieder tun: Den Pferden unserer Geschichte Denkmäler zu setzen. Und zwar nicht nur denen, die in den Brennpunkten des Geschehens mitmachen mussten, nämlich in den Gefechten, Schlachten und Entscheidungen, sondern auch denen im Hintergrund, die nicht zu Kämpfen gebraucht wurden, sondern Karren, Wagen und Nachschub heranschafften, bis sie in den Deichseln kaum beachtet zusammenbrachen. Unbeachtet zu sein ist überhaupt das Schicksal, denn schreibende und zeichnende Berichterstatter der Zeit ohne Fotografie wandten sich lieber dekorativen Momenten des Schlachtfeldes

zu, und nicht jenen von heute, wie Zugpferde beim Zusammenbrechen vor hölzernen Karren in sumpfigen Wegen und winterlichen Straßen.

Woher stammten die vielen Pferde? Aus der Landwirtschaft natürlich, wo auf den inzwischen weitläufigen Äckern nichts ohne Pferde ging. Je besser sie von den Landleuten behandelt wurden, desto mehr leisteten sie mit den einscharigen Pflügen oder den hölzernen Eggen. Eine Person lief ständig mit und trieb sie an, nur selten wurde die Peitsche gebraucht und genügend Pausen fürs Essen und Trinken wurden auch gemacht. Während die Franzosen, Sachsen und Reichsvölker erbarmungslos requirierten, denn sie befanden sich ja im Ausland, stürmten mittags Preußens Gegner die Ställe und Weiden und entführten die Tiere, ohne dass die „None“ haltenden Besitzer, (die also Mittagsschlaf hielten), es bemerkten – „sie waren einfach futsch“. Wer von den Landwirten aufbegehrte, musste damit rechnen, gleich ebenfalls beschlagnahmt und unter die Soldaten gesteckt zu werden. (Ein Einschub hier: Der größte Pferdedieb Europas, Napoleon I., kam in naher Zukunft nach Deutschland, um für seinen Russlandfeldzug Millionen Pferde aus der Landwirtschaft zu klauen – und damit die Feldbestellung auf Jahre zu unterbinden.)

Ein gutes Kavalleriepferd braucht Monate, um eben ein gutes zu werden, aber man brauchte Zugpferde für Train und Nachschub. Ein paar Zahlen zum Staunen: Als die Österreicher den verbündeten Russen im dritten und vierten Jahr des Siebenjährigen Krieges die Übernahme ihrer Verpflegung zusagten, hatte wohl niemand richtig gerechnet. Mindestens 10.000 Pferde waren notwendig, die wenigstens 2.400 Proviantwagen zu ziehen hatten und deren

Kolonne 6 Kilometer lang war. Weil alle Kriegsparteien besessen darauf waren, möglichst viele Magazine = Vorratslager des Feindes zu erobern und auszuleeren, kann man sich vorstellen, dass „Betrieb“ wie auf heutigen Autobahnen entstand. Es ist nicht festgehalten worden, wie viel Pferde „heimgekommen“ sind bzw. überlebt haben.

„In der Not isst der Soldat sein Pferd auf!“

Die Armeen

Wenn wir hier im folgenden Mannschaftsstärken militärischer Einheiten angeben, so sind das im Lauf eines Krieges keine starren, sondern Sollzahlen oder durchschnittliche Zahlen, sozusagen auf dem Papier stehende. Sie mögen hier für alle Kriegsteilnehmer gelten. Auch wenn wir uns wiederholen, seien die korrekten Zahlen hier noch einmal genannt. Es standen sich in und um Minden zur Schlacht bereit gegenüber, nachdem die Feldherren alles in ihren Kräften Stehendes getan hatten, die Zahlen zu erhöhen:
Ferdinand von Braunschweig verfügte über 40.000 Mann aus Großbritannien, Kurhannover, Braunschweig-Wolfenbüttel, Hessen-Kassel, Schaumburg-Lippe und Preußen mit 107 Kanonen verschiedener Kaliber. Marquis de Contades verfügte über 55.000 Mann Franzosen und Sachsen mit 86 Kanonen – es sollen einige Schlampereien vorgekommen sein, dass es nicht mehr Kanonen waren. Es heißt, sächsische Kanoniere hätten einige Batterien den Waldarbeitern der Umgebung gegen Fourage und Mädchen überlassen.

In der ganzen weiten Umgebung der Stadt und in der Stadt selbst machte sich unter den Soldaten – jede Seite erging sich in Gewissheit eines Sieges – Unmut breit, die

noch am besten in einem Brief des Königs an den Herzog darzustellen ist:
„Warum greift Er nicht an und lässt die Zeit vertrödeln, während Sein König alle Hände voll zu tun hat, den Feind von Preußen abzuhalten? Schließlich ist Er von Georg II. Mir empfohlen worden – muss Ich einen Meiner besten Generals, als da ist Joachim von Ziethen, herschicken, um Ihm mores zu lehren..."
Dieser Brief, den Ferdinand im Ofen verschwinden ließ, war mit der zweimal verkehrenden Militärpost angekommen, in der auch die täglichen Briefe der „Freundin" des Obersten lagen. Er selbst schrieb täglich nur Unverfängliches und war nicht sicher, ob des Königs „Geheimdienst" sie kontrollierte.

Doch am 31. Juli wurde durch Spione bekannt, welche von beiden Seiten unterhalten wurden, dass der Feind aufmarschiere und am 1. August „die große Schlacht" schlagen würde. Nun liefen im herzoglichen Hauptquartier die Meldungen ein, die ein klares Bild ergaben. Wir versuchen sie verständlich zu machen:
1.) Unterstützt von einem stürmischen Sommergewitter rückten die Franzosen unter Marschall Contades in der Nacht zum 1. August auf Notbrücken über die Bastau in der Minder Heide in ihre Stellungen.
2.) Andere Truppen führte der Herzog von Broglie durch Fischerstadt nach Norden.
3.) Frühaufsteher unter Mindens Bürgern und solche, die sich vor verirrten Kugeln nicht fürchteten, konnten bei Tagesanbruch von Mauern und Fenstern aus den Beginn der Schlacht beobachten.

* * * * * *

Unsere beiden „Mitbeobachter“ befanden sich beim Herzog und hatten ihre Augen, bewaffnet mit so genannten Feldstechern, auf ihr Hauptaugenmerk gerichtet – doch sie irrten sich: Herzog Ferdinand verwies sie auf eine Regiments-Aufstellung „mehr rechterhand“, wo ein anderes britisches Infanterie-Regiment ein französisches Reiterregiment zu erwarten schien.
„Generalfeldmarschall“, wagte Oberst von Rohdich zu korrigieren, „unser Regiment steht weiter links.“
„Ihres ja“, kam die Antwort, „aber meines nicht.“
„Da ist was im Busch“, dachten beide, und ihre Neugier steigerte sich in kribbelige Aufgeregtheit…

Allerlei Soldaten

Wie setzt sich eine Armee zusammen? Wir wollen versuchen, es hier zu beantworten.
Infanterie. Die ersten organisatorischen Normierungen der preußischen Infanterie wurde in den Regelungen am 17. Mai 1713 und am 28. Februar 1714 angeordnet. Darin wurde die Stärke eines Infanterieregiments auf 1.390 Mann festgelegt. Ein solches Regiment bestand aus 2 Bataillonen und 10 Kompanien.
Musketiere. Diese waren die Linieninfanterie der Armee. Sie wurden nach ihrer Waffe, der Muskete, so benannt. Nach der Erfindung der Steinschlossflinte wurde die Muskete obsolet, doch wurde der Name als „Ehrentitel“ weiter verwendet.

Grenadiere = „Granatenwerfer“. Ihre Aufgabe war es früher, 1,5 Kilogramm schwere Granaten auf die feindliche Infanterie zu werfen, sie wurden dementsprechend vornehmlich an den Flügeln einer Aufstellung verwendet. Auch nachdem diese Handgranaten nicht mehr eingesetzt wurden, behielten sie den Namen bei, der ein Ehrenname wurde. In jedem Regiment Musketiere standen 2 Kompanien Grenadiere.

Füsiliere. In ihren Kompanien hatten die „Langen Kerls“ Friedrich Wilhelm I. nichts zu suchen. Denn man war bestrebt, die schweren und langen Flinten der Infanterie kürzer und leichter zu machen. Dadurch konnten auch kleinere Männer in die Armee aufgenommen werden. Sie waren es, als Oberst von Rohdich den Versuch startete, die Soldaten beweglicher – Hinlegen und so weiter – zu machen.

Leichte Infanterie = Freibataillone. Das „Frei“- in diesem Begriff bedeutete tatsächlich Freiheit, was sich schon in „Frei-Truppen“ und „Frei-Corps“ manifestierte. Sie „strolchten“ überall herum, auch außerhalb eines Schlachtfeldes. Ihr Minus war, dass ihre Einheiten aus Kriegsgefangenen bestand, welche „heimwollten“ und ihre Desertionsrate war dementsprechend hoch.

Kavallerie. Auf hohem Pferd sitzen, andere Soldaten von oben betrachten, die Nase hoch halten, ein edles Tier zwischen den Beinen: (Noch 1940 ritt General von Witzleben „hoch zu Ross“ in Paris ein). Die Reiterei ist antik-alt und hat sich in der hier fraglichen Zeit kaum verändert. Als Friedrich II. 1740 sein Amt antrat, bestand die preußische Kavallerie aus über 22.000 Mann mit etwa 19.000 Pferden.

Kürassiere. Sie hatten, stiegen sie umständlich auf, einen 10 bis 12 Kilogramm schweren „Kürass" zu tragen und waren mit einem Karabiner, 2 Pistolen und einem Säbel bewaffnet. Ihre Einheiten sollten, in Bewegung gesetzt, nicht eher anhalten oder umkehren, bis sie die Fußvölker niedergeritten hatten. (Wir werden noch erfahren, dass dies nicht immer klappte…)

Dragoner. „Sie sind", höhnten Fußsoldaten, „aufs Pferd gesetzte Infanterie". Ursprünglich dazu gedacht, schnell von einem Einsatzort zum anderen zu gelangen und dort als Infanteristen zu kämpfen. Bis 1786 besaß des Königs Armee 12 Regimenter Dragoner.

Husaren. Sie stellten in Preußen die leichte Kavallerie dar und betätigten sich als Stoßtrupps für den „kleinen Krieg". Sie waren an ihren Pelzmützen zu erkennen und ihr berühmtester Mann war „Ziethen aus dem Busch". Bis zum Ende der Ära „Friedrich" besaß Preußens Armee 10 Regimenter Husaren, aufgeteilt in 10 Eskadronen = Schwadronen.

Allerlei Kanonen.

Die Erfindung des Schwarzpulvers diente zuerst zivilen Zwecken: Zum Beispiel den Sprengungen in Steinbrüchen. Doch wie es mit allen technischen Erfindungen gegangen ist: Der Krieg nahm sich ihrer an.

Die Artillerie. Es war kein langer Weg, bis man ein stabiles eisernes Rohr baute, das „hinten" geschlossen war und vorne bedient werden musste – der Vorderlader war geboren! Nun galt es nur noch, Unfälle zu vermeiden und kleinere „Schießeisen" herzustellen. Im preußischen System gab es Garnison-, Festungs- und Feldartillerie. Für Preußen war es ein wichtiger Schritt, von der städtischen Artillerie wegzukommen hin zu einer eigenen Waffengattung und diese in Berlin zu konzentrieren. Denn es gab unvorhergesehene Probleme in der Schlacht: Das Gewicht einer Kanone war beträchtlich, zumal sie meist in unwegsamen Gelände bewegt werden musste. Auch die mitzunehmenden Kugeln und das gefährliche Pulver in Holzfässern waren schwer zu transportieren.

Zudem war Friedrich II. ein geborener Infanterist, da verstand er sein Fach, und so kam es, dass der Bestand an Feldgeschützen im Jahr 1744 von 222 Stück 1786 erst auf 930 angewachsen war. Frankreich und Österreich, seine Hauptfeinde, waren da schneller gewesen.

Feldartillerie. Bereits im Ersten Schlesischen Krieg wurde klar, wie unzureichend der Bestand an Kanonen in Preußen war. Die Österreicher liebten es, sich hinter einem großen Bestand an leichten, mittleren und starken Kanonen zu verschanzen, um die Preußen, auf „Vorwärts marsch", „Avanti" und „Citissimo" gedrillt, angreifen zu lassen und mit einer „höllischen" Kanonade zu empfangen und zu oft abzuweisen. Im Dritten Schlesischen Krieg, in dem wir hier 1759 angelangt sind, war die Lage für Preußen besser und die Feldartillerie wurde wirksamer eingesetzt. Dazu kam die britische Artillerie, die, in Seeschlachten bewährt, wahre Dienste vollbrachte.

Festungs- und Garnisonartillerie. „Man kann nicht", bemerkte ein Fachmann wie Friedrich II., „sein eigenes Land ungeschützt verlassen, wenn man in einen Krieg zieht." Diese Kanonen, so sehr man sie auf den Kriegsschauplätzen benötigte, mussten Städte und Festungen verteidigen können, sie banden dabei starke Kräfte des Feindes. Minden, in dem wir uns zur Zeit befinden, gehörte zum zweiten Festungsriegel gemeinsam mit Hamm, Geldern, Lippstadt und Wesel.

Gehorchen und Order parieren

Wem bis hierhin Abläufe und Bewegungen von Regimentern geläufig geworden sind, mag sich dennoch fragen, wie das alles funktioniert hat. 100.000 und mehr Menschen und Tiere bewegten sich scheinbar sinnlos hin und her und wieder her und hin. „Und das soll alles auf Befehl geschehen?“, mag sich mancher Rekrut fragen. „Und wenn ich einmal einen solchen nicht befolge, bin ich perdu oder muss Spießruten laufen.“ (Diesen Begriff voller Grausamkeit erklären wir in einem Bild.)

Selbst König Friedrich, ein Soldatenfreund mit einem Herz für den kleinen Mann, kannte bei militärischen Vergehen kein Pardon, wie ein Brief an den Oberst von Rohdich dokumentiert:

„Mein lieber Obrister von Rohdich, Ich habe bey der Mir eingesandten Kriegsrechtlichen Sentenz wider die Flügel-Grenadires Zietz und Krause, wegen unternommener Desertion, nichts zu erinnern gefunden und sollen demnach beyde mit dreyßigmahligem Gassenlaufen durch 200 Mann, in 3 Tagen, und ersterer hiernächst

noch mit zweyjähriger Vestungs-Arbeit, bestraft werden. Die förmliche Confirmation dieser Sentenz wird aus Meinem General-Auditoriat erfolgen; und Ich überlasse die Vollstreckung derselben Euer weiteren Verfügung.“

An drei Tagen zehnmal durch 200 Mann – kann man sich vorstellen, wie die armen Kerle aussehen, was sie ausstehen müssen?

Jetzt, einen Tag vor der Schlacht, meldete sich plötzlich **Fred** bei von Berenhorst und beim Oberst, die nochmals das künftige Schlachtfeld in Augenschein nehmen wollten. Unverhofft baute er sich, aus einem Kornfeld tretend, vor beiden auf und meldete sich als Fred der Nicht-Kotzer zurück. Als er merkte, dass er hier unbekannt war, erzählte er seine Geschichte:

„Ich bin einer derjenigen Wenigen, welchen die Flucht aus dem Karzer am Vorabend des verordneten Gassenlaufens gelang. Ich bin dann von Potsdam bis hierhin in mein Elternhaus gelaufen, getippelt und gewandert und bitte Sie, mich nicht zu verraten, dass ich geflohen bin. Ich habe gehört, dass sich ein berühmter Arzt, er heißt Christian Andreas Cothenius, hier eingefunden hat, um als Arzt zu helfen und nebendrein das militärische Sanitätswesen zu inspizieren, der König selbst soll ihn hergeschickt haben. Er kennt mich, weil ich schon einmal zwei Wochen lang unter ihm Verwundete verarztet habe, ohne zu Kotzen oder irgendwelchen Schrecken oder Entsetzen zu zeigen. Ich hoffe, Generals, Sie verraten mich nicht und hier bin ich unbekannt. Wenn nicht – dann haue ich jetzt sofort ab und Sie müssten mir in den Rücken schießen.“

Die beiden dachten spontan, „so schnell schießen die Preußen nicht“ und sagten zu. („Dies war“, sagte der Oberst später, „die einzige gelungene Flucht eines Aspiranten zum Gassenlaufen, fortan nur Gassi-Gehen genannt.“) Welcher Fang da gemacht wurde, kam noch am Abend nach der Schlacht heraus.

Mittwoch, der 1. August 1759

Der Autor hatte schon lange vor, diesen Tag nicht zu schildern wie schon Dutzende Autoren vor ihm, sondern den ganzen langen Mitsommertag „Augenzeugen zu überlassen“. Damit hatte er mehr aufzupassen als andere Schreiberlinge und Biografen – er hoffte, es mit Hilfe seines Gehilfen von Berenhorst zu schaffen, dem er seine neue Sicht als Zeitzeuge und Literat anvertraute – also Augen auf, die Lauscher gespitzt und das Gehirn auf eine zuverlässige Erinnerung eingestellt!

Augenzeuge Friedrich Wilhelm von Rohdich riss sich zusammen und folgte den Blicken des obersten Feldherrn dieses Tages. Dort, wo diese Blicke hingingen, standen keinesfalls die 20th Foot Lancashire Füsiliere, sondern eher die Royal Hamphire Regiment. Inzwischen war die Sonne höher gestiegen, in der Talsenke floh alles Wild wie Hasen, Rehe, Rotwild und Sauen, sofern sie es vermochten, denn die vereinzelten Schüsse galten durchaus ihnen. Wer traf, konnte die fette Wildsau oder ihre Kinder, Frischlinge genannt, einkassieren, um für sich und seine Kameraden, sofern sie den Tag überlebten, ein Nacht- und Festessen zu zelebrieren.

Jetzt erstarrten Rohdich und Berenhorst, denn vorm Hampshire-Regiment erschien ein Regiment sächsischer Kavallerie, verhielt kurz, bis die Trompete zum Angriff blies und setzte zu einem „alles vernichtenden“ Angriff an. Doch die Hampshires blieben gelassen stehen, 50 Meter, 40, 30, fast 20 – da ließen sich alle zu Boden fallen und augenblicklich feuerten vier Dreizehnpfünder, die hinter den Infanteristen verborgen standen, ihre Ladungen an gehacktem Blei, Kugeln an Ketten „und anderen tödlichen Kram“ in die Kavallerie.

Was nun hier und eine Minute später vor den 20th geschah, hatte die Welt vorher nicht gesehen. In der Antike, dachte der Oberst, sollen ja die römischen Pfeilschützen den Himmel mit ihren Pfeilen verdunkelt haben – eine Sage nur, keine Realität – aber hier war‘s Realität! Dort, wo einige Vollkugeln in die Mischung von Reiter und Pferd einschlugen, entstanden Gassen in den verkeilten Leibern.

Während die Kanoniere in Blitzeseile nachluden, erhoben sie die Grenadiere, um ihre Gewehre in die Massen zu entleeren, dann sich wieder niederduckten, um nicht von den eigenen Kanonen erschossen zu werden.

Augenzeuge **Franz Florenz Schrader** ließ dem Oberst geheim eine Schrift zustecken, die seine Sicht der Dinge aufzeigte. Er hatte auf Drängen des französischen Stadtkommandanten, (...sonst!…), uns verlassen müssen und war mit Zustimmung des Herzogs in seine Stadt zurückgekehrt. Jetzt befand er sich mit den fremden Honoratioren auf der Stadtmauer und sollte, so der General, zusehen, wie wie preußische Infanteristen und britische Füsiliere „zu Paaren gejagt würden. „Es ist die Elite unserer ruhmreichen Nation“, versicherte der Stadtkommandant, „die jetzt gegen Schotten, Briten und Brandenburger anreitet – jedermann ein junger Graf, Baron, Herzog und alle königlichen Blutes – schaut genau hin, wie man Schlachten gewinnt und sich rechtzeitig auf die Seite von Siegern begibt“. Sein Ton war schulmeisterlich und arrogant.

„Jetzt reiten sie los“, rief er begeistert, „und machen Preußen und andere Völker zur Schnecke!“

Nun erteilen wir dem Bürgermeister das Wort:
Links und rechts in unserem Blickfeld, das von zahlreichen Spektiven eingeengt wurde, trabten dekorativ dekorierte junge Männer in bunten Uniformen und prächtig aufgezäumten Pferden los, dass die Minder Heide wackelte und Staub aufwirbelte. Jenseits des Staubs sah ich die in Linien aufgestellten britischen Infanteristen an ihren Gewehren fummeln, bis sie wie gefällt zu Boden sanken. Dadurch wurden ein paar schwere Kanonen sichtbar, deren Mannschaften nun nichts anderes zu tun hatten, als mit ihnen zu schießen. Ein Knall donnerte durchs Tal und wurde als Echo von den Hängen der Berge in unsere Ohren gepresst. Aber es war mein Gehirn, das ein bisher nie empfundenes Grauen signalisierte, und die Augen bestätigten es: Ein Knäuel aus adeligen jungen Männern und edlen Gäulen wälzte sich den sachten Abhang hinab, bis er in den Bach Bastau stürzte und ihn sogleich aufstaute. Wer jetzt noch lebte, ob Mensch oder Tier, ertrank augenblicklich... Ich erspare es mir, die entsetzten, bedepperten und heulenden Gesichter meiner Umgebung zu beschreiben.

Augenzeuge **Herzog Ferdinand von Braunschweig** berichtete seinem König, der später dieses Schreiben dem Oberst zu lesen gab.

Ich hatte, Majestät, zuerst nicht viel von den Plänen des Obersten von Rohdich gehalten – sie waren mir zu verschlagen und zu unmilitärisch. Doch ein britischer Offizier, der sich begeistert den Hintern klopfte, stimmte mich um. Als ich das Gemetzel und Kuddelmuddel, wie man hier sagt, vor den Regimentern sah, glaubte ich, mein Herz setzte aus, jedenfalls stützte ein Adjutant mich ab und gab mir sein Fernglas *made in Great Britannia*. Mit ihm betrachtete ich die Einzelheiten: Purzelbäume schlagende noch berittene Pferde, Reiter, die abgeworfen wurden, andere bekamen Kinnhaken mitten ins Gesicht und kamen unter den Bauch ihrer Pferde zu liegen. Dazu die Knallerei, Todesschreie von Pferden und Reitern und so weiter…

Augenzeuge Leutnant **Hugh Montgomery** vom 12. Regiment zu Fuß schrieb selbigen Tags an seine Mutter:
„Sehr geehrte Damen und Herren, die Verfolgung des Feindes, der sich mit den größten Niederschlag zurückgezogen hat, hindert mich daran, Ihnen so genau über den glorreichsten Sieg über die französische Armee zu berichten, wie ich es tun würde, aber hier geht es weiter so viel ich kann. Wir marschierten zwischen 4 und 5 Uhr aus dem Lager, ungefähr um 7 hielten wir in einem Tal, von dort marschierten wir ungefähr 300 Meter, als ein 18 Pfund schwerer Ball sanft auf uns zukam. Jetzt begann der unangenehmste Marsch, den ich jemals in meinem Leben hatte, denn wir rückten mehr als eine Viertelmeile durch ein wütendes Feuer aus einer höllischen Batterie von Achtzehnpfündern vor, die sich nächst an unserer Front befand und so weiter… (Der Schreiber macht hier eine Ruhepause, die wohl auch in der Realität stattgefunden hat). Die nächsten, die auftauchten, waren einige Regimenter der Grenadiere von Frankreich, so gut aussehende und schrecklich aussehende Leute, wie ich sie jemals gesehen habe. Sie beschimpften uns aus einiger Entfernung und sie hatten Gewehrläufe und unsere Musketen konnten sie nicht erreichen. Jetzt hofften wir, dass wir genug für einen Tag getan hatten – und tatsächlich wussten wir noch nicht, dass der Sieg

unser war. Wir mussten zum Schlachtfeld zurückkehren, aber zu unserer unbeschreiblichen Freude konnte kein Gegner gefunden werden… Ich habe das Vergnügen, Ihnen sagen zu können, dass es Captain Rainey gut geht. Derzeit ist er voraus, um mit den Grenadieren zusammen das französische Gepäck zu plündern und Gefangene zu machen, dafür gibt es vielleicht ein Preisgeld an 40 Dukaten.

Augenzeugin **Roswitha Hilgemann,** Mindener Bäuerin, war trotz der an ihr vorbeiziehenden französischen Soldaten guten Mutes, viele von ihnen nach der Schlacht versorgen zu müssen und dafür Moneten kassieren zu können und streckte ihnen beim Rübenziehen für ihr Vieh ihren runden Podex entgegen – geiles Gelächter und „wir kommen wieder“ -Rufe. „Später, in der Dunkelheit, konnte ich sie einscharren helfen...“ Klar, dass alle Wertsachen den Besitzer wechselten, man sah noch in den nächsten Jahren, dass viele Leute ihre neue und bessere Bekleidung aus den Uniformen der Gefallenen hergestellt hatten. Bald kamen reisende Händler, so genannte Trödler, und kauften alles auf, das sie woanders gut verkaufen konnten.

„Für mich“, erzählte Roswitha dem Obersten und seinem Begleiter von Berenhorst, „war die Nacht zum 2. August 1759 ein Glückstag. Als ich mich nach Hause wandte, gab eine Wolke den Mond frei, der einen Soldaten beschien, der auf einer umgekippten Kanone hockte.“
„Komm mit“, forderte ich ihn auf, „sonst bist du morgen mausetot.“
„Das möchte ich ja erreichen, Madam.“

„Und warum?“

„Meine Mama in England hat mich unter die Soldaten geschickt, damit ich die Schönheit der Erde entdecke wie meine Kameraden in Amerika. Jetzt bin ich hier gelandet, bin zwar unverwundet, habe aber mit meiner Kanone Dutzende Menschen ermordet. Was soll ich sonst tun als sterben?“

„Mit mir kommen.“

„Und dann?“

„Bei mir bleiben und wir schreiben deiner Mama, dass du nun ein deutscher Bauer geworden bist und sie nachkommen soll.“

Ob der englische Begriff *happy end* damals schon geläufig war, ist dem deutschen Oberst nicht bekannt geworden, und auch von Berenhorst, der diese Geschichte in eines seiner Bücher aufnahm, auch nicht. Jedenfalls half er nach ein paar Monaten, welche Soldat William hier inkognito auf dem Hof bei Hille verbrachte, den entscheidenden Brief aufzusetzen. Hier ist er:

„Dear mom, I‘m still alive and met a woman in Germany who I‘m going to marry. I will come home, deregister from the military and then we will drive together near Minden near Hanover. I‘ll never kill again another man, your William!“

Augenzeuge **Heinrich Urban Cleve.** Er war der älteste Sohn des Herzoglichen Kammerzahlmeisters und im Mai 1758 bereits Leutnant und führte ein Tagebuch, das auf uns überkommen ist und in dem einige Beurteilungen der Briten zu lesen sind:

Der Cavallerist ist große et stark, wohl diefsirt, gut recocirt, und Meister von seinem Pferde. Die Pferde sind groß, stark, sehr geschwind im Laufen, sämtlich sich gut geritten und das bei Mann als Pferd befindliche Feuer sollte glaubend machen, daß keine andere Cavallerie im Chopen vor der englischen bestehen konnte. - Die englische Infanterie ist nicht so gut; die Leute sind nicht groß, allein sehr gut recocirt – das englische petronal Feuer läßt uns auch von der Infanterie das Beste in Ansehung ihrer Bravour hoffen."

Die Engländer gingen nicht, wie beispielsweise Braunschweiger und Preußen, beim Schießen in die Hocke, und diese sahen das als Kaltblütigkeit an. Sie hegten einen Hass gegen alles, das nur den Namen eines Franzosen führte. Und wie kämpften diese Briten?

Die Herrn Engländer, das Grenadier Garde Chor; und die Hannoversche fuß Guarde haben bey unserer Armee am stärksten gelitten, von einigen Regimentern Engländern sind nicht so viel Männer mehr, als die zahl ihrer Nachgelaßenen frauens aus macht. - Seit dem die Engländer bei der Armee sind, ist die Disciplin bei selbiger auf das stärkste gefallen. Es gingen die grässlichsten Excesse vor...

Und wie war die Frage der Desertierungen:

Besonders war selbige bei unserem Corps außerordentlich stark, denn theils glaubten die Leute, da die Franzosen unsere Länder in Besitz hätten, ohngestraft nach Hause gehen zu können, zumal da es der Wille unseres Durchlauchten Erbprinzen gewesen, sein Corps zurück zu nehmen.

Und dann die Schlacht selbst: *Der Obriste vom Mey und ein Artillerie Capitan von unsern Regiment sind beiden mit Canonen kugeln Todt geschoßen. Wir haben so viele denn Arm und bein abgeschoßen, und theils noch an leben sind und was hat Manniger in seines Cammeraden blut gestanden oder ist dami und deßen eingeweide besprützet, denn es flogen köpfe und halbe Menschen in die luft, in vergleich wie eine ganß...*

Zum 1. August kommentierte er:

Nun kommen wir auf den so merkwürdigen Tag für unsere Armee, füe das schiksal unserer Länder, für die Ehre unseres Feldherrn, für die Ehre des Erbprinzen. Auf einen Tag wovon sich die Folgen auf das Glück unserer Armee, unserer Länder wie auf die ganze Campagne, ja in der Folge auf das Glück des Königs von Preussen erstreckt.

Jean Paul Graf de Cossé, Herzog de Brissac, 1698—1781, Generalleutnant, später Marschall von Frankreich

Der in allen Texten nicht gut ankommende George Germain Viscount Sackville

Marschall Louis-Georges-Erasme de Contades, der Oberbefehlshaber der französisch-sächsischen Armee der Schlacht von Minden

Eine Übersichtskarte des fraglichen Gebiets

Oben: Der Lauf der Weser von Münden bis Brake

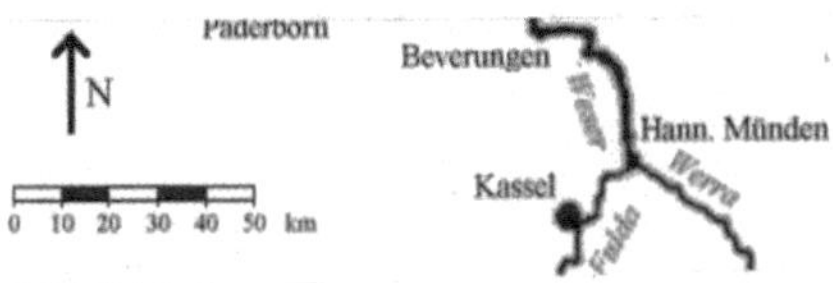

Hanoverian Artillery and Grenadier and 'hat company man' of Foot Guards: Battle of Minden 1st August 1759 in the Seven Years War: picture by Karsten

Hanoverian Regiment of Horse von Hardenburg: Battle of Minden 1st August 1759 in the Seven Years War: picture by Karsten

37th Foot, the centre regiment of the first line of British foot, repelling the attack of the French cavalry at the Battle of Minden

Eine britische Ausgabe
von Minden 1759

Grenadier of 25th Foot: Battle of Minden on 1st August 1759 in the Seven Years War: David Morier

25th Foot at the Battle of Minden 1st August 1759 in the Seven Years War: picture by Richard Simkin

Prince Ferdinand, Duke of Brunswick, allied commander at the Battle of Minden 1st August 1759 in the Seven Years War

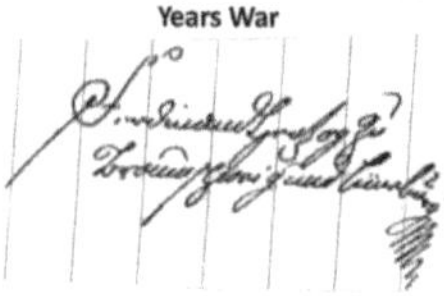

Soldier of the 20th Foot with roses in his hat at the Battle of Minden 1st August 1759 in the Seven Years War

Hanoverian Regiments 'Borch' and 'Brunck': Battle of Minden 1st August 1759 in the Seven Years War: picture by David Morier

Grenadier of 23rd Royal Welch Fusiliers: Battle of Minden on 1st August 1759 in the Seven Years War: David Morier

Grenadier of 20th Foot: Battle of Minden on 1st August 1759 in the Seven Years War: David Morier

Grenadier of 12th Foot: Battle of Minden on 1st August 1759 in the Seven Years War: David Morier

Royal Scots Greys 1759: Battle of Minden 1st August 1759 in the Seven Years War: statuette by Pilkington Jackson

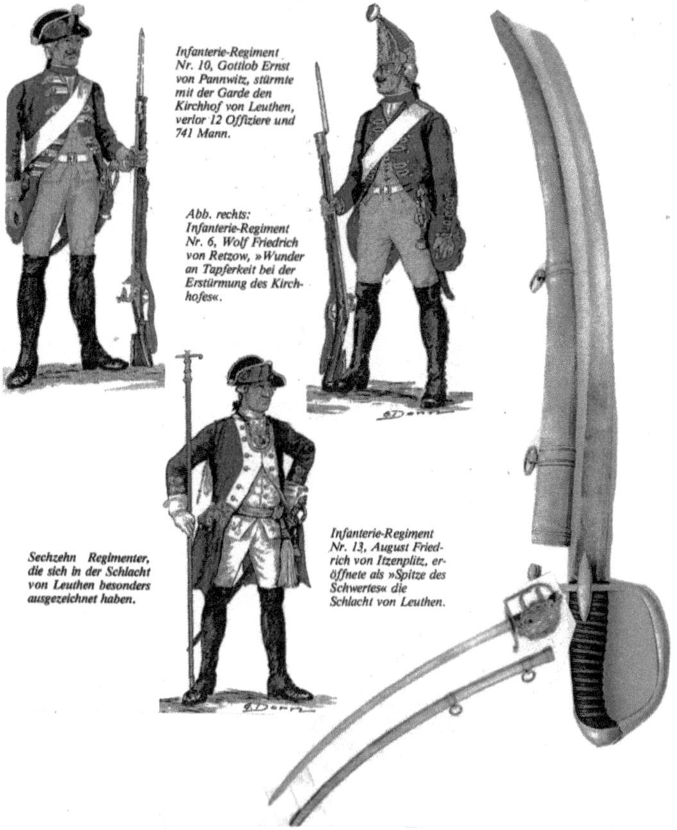

Infanterie-Regiment Nr. 10, Gottlob Ernst von Pannwitz, stürmte mit der Garde den Kirchhof von Leuthen, verlor 12 Offiziere und 741 Mann.

Abb. rechts: Infanterie-Regiment Nr. 6, Wolf Friedrich von Retzow, »Wunder an Tapferkeit bei der Erstürmung des Kirchhofes«.

Sechzehn Regimenter, die sich in der Schlacht von Leuthen besonders ausgezeichnet haben.

Infanterie-Regiment Nr. 13, August Friedrich von Itzenplitz, eröffnete als »Spitze des Schwertes« die Schlacht von Leuthen.

Säbel für Offiziere der Kavallerie, 2. Hälfte 18. Jahrhundert

Brücken zu bauen lernte der Mensch schon in der Antike

Doch nicht nur aus Stein, sondern auch aus Holz: Oben: Sie mag denjenigen gleichen, die Caesar für seine Legionen errichten ließ. Unten: Der Bau einer Brücke aus der Zeit von Napoleons Rückzug aus Russland

Die Artillerie der fraglichen Zeit bestand aus Vorderladern, die hinten gezündet wurden

Ein Übersichtsbild eines Schlachtfeldes. Es musste auch während der Schlacht beraten werden

Oben: Alle Soldaten der fraglichen Zeit sahen schmuck aus
Unten: So wurden damals Kanonen transportiert

Mit solch einer Kutsche reiste Oberst von Rohdich

Dazu mussten edle Pferde herhalten

Die schweren Kanonen konnten nur Kaltblüter wie dieser ziehen

An den Minister Graf Finckenstein

Reitwein, 12. August 1759.

Heute morgen um 11 Uhr habe ich den Feind angegriffen. Wir haben ihn bis an den Judenkirchhof bei Frankfurt getrieben. Alle meine Truppen haben Wunder verrichtet, aber dieser Kirchhof hat uns ungeheure Verluste gebracht. Unsere Leute gerieten in Verwirrung, ich habe sie dreimal wieder gesammelt; schließlich wäre ich beinahe selbst in Gefangenschaft geraten und mußte das Schlachtfeld räumen. Mein Rock ist von Kugeln durchbohrt; zwei Pferde sind mir unter dem Leibe erschossen. Zu meinem Unglück lebe ich noch. Unser Verlust ist sehr beträchtlich; von einem Heere von 43 000 Mann habe ich jetzt, wo ich dies schreibe, keine 3000.

Fahne von Infanterie-Regiment 40.

Infanterie-Regiment Nr. 40, Johann Friedrich von Kreytzen, Einsatz am rechten Flügel der Avantgarde.

Kürassier-Regiment Nr. 1, Hans Caspar von Krockow, Einsatz in Driesens erstem Treffen.

Grenadier of 37th Foot: Battle of Minden on 1st August 1759 in the Seven Years War: David Morier

Battle of Minden 1st August 1759 in the Seven Years War: picture by Richard Caton Woodville

Dreipfündige Feldkanone der beiden ersten Schlesischen Kriege.

Preußischer Munitionswagen.

Infanterie-Regiment Nr. 1, Oberst Hans Christoph Friedrich Graf von Hacke. Vollzog in der Schlacht die entscheidende Schwenkung gegen Thomaswaldau.

Infanterie-Regiment Nr. 3, Leopold Fürst von Anhalt-Dessau. Das Regiment stürmte mit klingendem Spiel in der Gule gegen die Sachsen.

Infanterie-Regiment Nr. 7, August Wilhelm Prinz von Braunschweig-Bevern. Geht im stärksten feindlichen Feuer gegen Günthersdorf vor.

Sächsisches Militär aus dem Zweiten Schlesischen Krieg.
Oben: Linien-Infanterie, von links nach rechts: Musketier, Tambour, Unteroffizier, Offizier, Grenadier.
Unten: Grenadier-Garde, von links nach rechts: Gemeiner, Offizier, Unteroffizier, Tambour.

Preußische Steinschloßpistole Modell 1742.

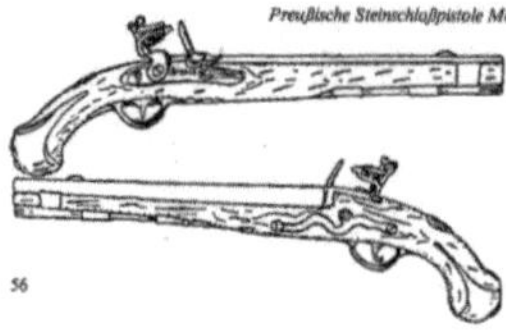

Kürassier-Regiment Nr. 5, Friedrich Markgraf von Brandenburg-Schwedt, unter Zieten im ersten Treffen des rechten Flügels.
Dragoner-Regiment Nr 4, Ernst Heinrich Fre herr von Czettritz, an Zietens rechtem Flüg
Fahne des Infanterie-Regiments 24.
V. l. n. r.
Regiment Garde Nr. 15, II. und III. Bataillon, Felix Bogislav von Schwerin. Trieb die Sachsen ohne einen Schuß aus der Gule, beteiligt beim Angriff auf Güntherdorf.
Infanterie-Regiment Nr. 19, Carl Friedrich Albrecht Markgraf von Brandenburg-Schwedt. Stand im ersten Treffen am rechten Flügel, beim Hauptangriff gegen die Österreicher dabei.
Infanterie-Regiment Nr. 24, Curt Christoph von Schwerin. Im ersten Treffen gegen die Gule dabei, dann gegen Günthersdorf.
Dragoner-Regiment Nr. 1, Carl Friedrich von Posadowsky. Kämpfte am rechten Flügel im zweiten Treffen gegen die Sachsen.
Kürassier-Regiment Nr. 1, Wilhelm Dietrich von Buddenbrock. Er erlitt große Verluste bei der Eröffnungsattacke der Schlacht.
Dragoner-Regiment Nr 5, Friedrich Erbprin von Bayreuth. Wa beim großen Angriff unter Geßler dabei, als in der Schlußphase die Österreicher auseinandergetrieben wurden.

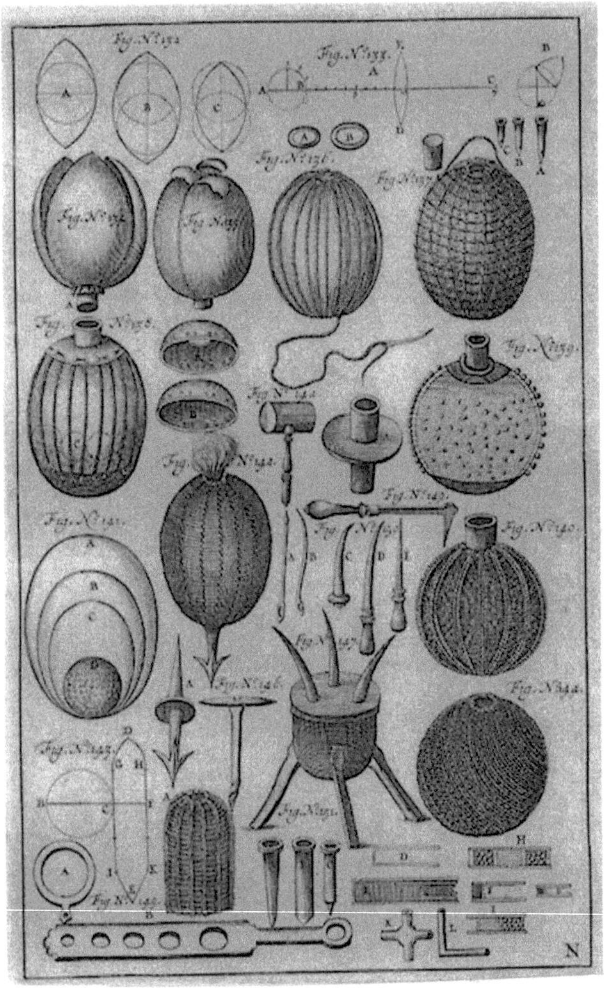

Abbildung historischer Brandkugeln

Rgt. Kronprinz
1740
Erstes Bataillon
Königl. Preußische Leibgarde
Erstes Bataillon Garde
1753
in Garnison
(Musketier)
im Felde

1
2
3
4
5
6
7
8

Die Prügelstrafe des Gassenlaufens war nicht entehrend

British and Hanoverian Foot attack the French Cavalry at the Battle of Minden on 1st August 1759 in the Seven Years War

Preussen.

Kur-Brandenburg.

Marian Füssler
Der Preis des Ruhmes
Eine Weltgeschichte des Siebenjährigen Krieges

Friedrich II. als Zinnfigur

Die Sage des Münchhausens kann schon deswegen nicht stimmen, weil die Kugeln heiß waren

Christian Andreas Cothenius

Er wurde 1708 in Anklam geboren und war nach einem intensiven Werdegang zu einer Kapazität der Medizin und des militärischen Lazarettwesens geworden. (Dieses lag, nicht nur nach Meinung der meist unwissenden Soldaten, in der ganzen Welt in den Kinderschuhen.) Seinen raschen Werdegang vom Schüler in Stettin und Stralsund zum ordentlichen Arzt im Potsdamer Waisenhaus brauchen wir hier nicht zu verfolgen. Er behandelte viele Mitglieder des königlichen Hofes, so dass er sein Auskommen hatte und an sein Lebensziel denken konnte: Eine Mustergültige Ordnung ins marode Lazarettwesen zu bringen. (Man bedenke, wie wenig und doch viel die Ärzte damals von Krankheiten und Ansteckungen wussten.) Schon vor den kommenden Schlachten mahnte ihn der König, nicht nur für die Verwundeten, sondern auch für die am Fleckfieber leidenden Soldaten zu sorgen. Er antwortete unerschrocken: „Ich hoffe, in drei Tagen mit einem Lazarett von 1.000 Mann zustande zu kommen und binnen 12 bis 14 Tagen sollen allda 2.000 ihre nötige Besorgung finden."

Ihn ärgerte auch sehr, dass Feldapotheken zwar vorhanden, aber stets unterbesetzt und schlecht bevorratet waren. Er soll als Medikus des Generalstabes selbst über 100 Rezepturen entwickelt haben.

Nun, jetzt war er hier bei Minden. Der König hatte ihn im Glauben, es fände in Bälde eine Schlacht statt, hergeschickt und ihn besonders dem Oberst von Rohdich zugeordnet. Sie gefielen sich gegenseitig und machten noch vor der Schlacht einen Rundgang durchs eigene Gelände. Wie sahen die Lazarette in Preußen aus? So miserabel, dass sie heutzutage gar nicht geführt werden dürften. Hier lagen

jetzt jene Soldaten, die in den letzten Tagen und Nächten sich zu weit vorgewagt oder sonstwie Unfug gemacht hatten.
„Ich stelle mir folgendes vor“, sagte Cothenius in der Art eines Professors an der Universität, „dass das Lazarett- oder das komplette militärische Verwundetenwesen internationalisiert und von den kämpfenden Truppen respektiert und äußerlich kenntlich gemacht wird.“
„Zum Beispiel nach meinem Vorschlag“, mischte der Oberst sich ein,
„dass man die Zelte grundsätzlich hellweiß anstreicht und mit einem Zeichen in Rot kenntlich macht.“
„Ja“, stimmte Cothenius zu, „und eine Fahne dransetzt, die weiß ist und ein rotes Zeichen trägt und...“
...und fiel der Oberst ein, „zum Beispiel einen roten Kreis zeigt wie eine aufgehende Sonne.“
„Dunnerlittken!“, rief Cothenius, „Sie sind der erste Offizier, den ich treffe, der sich solche Gedanken macht.“
Ehe die beiden Männer weiter diskutieren konnten, blies der Trompeter zum Zapfenstreich und fügte dann, als wollte er den Mond begrüßen, eine Melodie an, die zu Herzen auch der härtesten Männer ging, (und Noten der Autor beifügt), weil es heute eine der bekanntesten Melodien ist. Cothenius und von Rohdich beeilten sich, den Trompeter, bevor er ins Zelt ging, anzuhalten:
„Trompeter, Sie blasen gut und musikalisch, wo haben Sie die Melodie her?“
„Die hat mir, Herr Oberst, ein Junge, ich glaube er heißt Peter Schulz, am Ostseestrand vorgespielt und mir versichert, dass er einen Text finden werde, der dazu passt.“
„Ja“, so der Autor, „er hat ihn gefunden...“

Auch von den Gegnern ringsum schallten die „Gute-Nacht-Signale“ herüber, bis zur Stadt hinein, über die Weser und Bastau und über die Soldaten hinweg, von denen viele morgen um diese Zeit nicht mehr leben werden. Jetzt kamen der Herzog und sein Sekretär von Westphalen heran, um seine beiden Gäste und Cothenius anzumahnen, ins Haus zu treten.
„Die Franzosen“, sagte er, „haben angefangen, bewaffnete Spione und Jagdgruppen zu bilden, die Leute wie uns fangen und, wie die Briten sagen, kidnappen sollen. Man hat schon einige von ihnen erlegt, wie die Jäger sagen. Trotz der beruhigenden Signale sind auf beiden Seiten die Regimenter dabei, in die Aufmarschstellungen zu gehen – Gott mit uns!“
„Fordern die anderen auch“, sagte Cothenius.
„Ja, lassen wir ihn aus dem Spiel, würde unser König fordern“, sagte der Herzog und Feldmarschall.

Nun geht die Schlacht weiter

In Minden selbst gibt Bürgermeister Franz Florenz Schrader dem französischen Stadtgeneral den Rat „Brechen Sie die Schlacht ab und gehen Sie hinter den Rhein zurück“ – er wird in Haft genommen und weggesperrt. Als die britische Infanterie mit ihrer Artillerie in die Schlacht rückte, ging sie notgedrungen auch durch Gärten und ähnliche Anwesen und pflückte Rosen, um sie sich selbst und einigen Maiden anzustecken – eine Sitte, die in Großbritannien noch heute an den Jahrestagen betrieben wird. Doch jetzt gingen diese Regimenter vor wie die preußischen 1741 bei Mollwitz:

„Als ging durch alle Glieder der Front ein eisern Niet,
tritt sie vernichtend nieder in Staub, was nicht entflieht.
Der Schrecken fegt die Bahnen, wo sie im Heerschritt naht,
der Sieg rauscht in den Fahnen...“

(Der Autor hat bis heute nicht herausbekommen, wer diese Zeilen gedichtet hat...) Wir versuchen, das Geschehen unterschiedlich, nämlich aus der Sicht der Beteiligten, darzustellen.

Die Franzosen. Ihre weitgreifenden Absichten waren folgende. Nun, Anfang des Jahres 1759, der Dritte Schlesische Krieg ging ins dritte Jahr, galt es darum, Preußen endgültig niederzuwerfen und ihm auch vom Westen her an den Wickel zu gehen. Seine Niederlage bei Kunersdorf schien ein guter Anfang zu sein. In Frankreich selbst tat sich etwas: Richelieu war zurückgerufen und durch den Grafen Clermont ersetzt worden – ein Höfling folgte dem anderen und man weiß nicht, wo überall die Marquise de Pompadour ihre Finger im Spiel hatte. Der französische Hof wurde kregel im Bestreben, das Königtum Preußen „auf die Markgrafschaft Brandenburg zurückzustutzen“, besonders weil Friedrich, den Mund stets voller Bosheiten voll hatte, den Papst als „Bischof von Rom“ titulierte – was stimmte!

Schon in der Schlacht von Roßbach hatten die Franzosen erfahren müssen, dass mit preußischen Soldaten, welchen Kalibers auch immer, nicht zu spaßen sei. Die deutschen Landwirte und Bürger hatten danach ebenfalls die Erfahrung machen müssen, dass mit französischen Generalen nicht zu spaßen sei. Richelieu „kam arm ins reiche Land und ließ reich ein armes Land zurück“: Er erpresste

200.000 Reichstaler, wovon 40.000 in seine eigene Jackentasche wanderten. Dazu verlangte er 4.000 Scheffel Getreide – viel Geld und Waren für den Feldherrn – wenig für seine Soldaten!

Denn sein Nachfolger fand die Truppen im schlechten Zustand. Sogar der Hof musste sich einiges anhören: „Clermont hat die Armee in einer unbegreiflichen Unordnung gefunden, da ist keine Einrichtung, kein Zusammenstimmen bei der Verlegung der Truppen, keine Sorge für Vorräte und dergleichen..."

Um den erforderlichen aber bitteren Rückzug zu sichern, ließ Clermont 4.000 Mann in Minden zurück, so dass Ferdinand, wollte er die Stadt nicht stürmen, sie belagern musste. Weil er sich seinem König gegenüber in Zeitnot befand und weil er Frankreich keine Zeit zur Erholung einräumen wollte, eröffnete er den neuen Feldzug schon im Februar – etwas ganz neues, das der König ihm bei Mollwitz vorgemacht hatte – da mussten die Grenadiere über weiche Äcker und tiefen Schnee marschieren…

* * * * * *

So war also, als Ferdinand den Feldzug begann, die Stadt, um die es hier geht, in feindlicher Hand. Gewiss, es gab eine Zusammenarbeit der Bürger mit den Besatzern, wie immer in der Geschichte, aber man verhinderte damit zweifellos eine Beschießung. Duc de Broglie eroberte eine französische Truppe unter Duc de Broglie sicherte sich so die Weserbrücke und den Zugang nach Hannover, seinem Endziel. Bis zum 16. Juli hatte sich der Maréchal de Contades mit der französischen Hauptarmee Broglie in Minden angeschlossen. Man diskutierte noch länger über die Absichten der Alliierten, doch Contades war der Ansicht, dass die alliierte Armee sehr zerstreut aufgestellt war und sich dies kaum ändern werde. Er war scharf auf eine Schlacht, die, so lange der König von Preußen nicht eingreifen könnte, nur siegreich sein würde. In Vorbereitung eines Zuges nach Kassel er den Duc de Brissac mit 8.000 Mann nach Gohfeld, um sich gegen den Erbprinzen abzudecken. Er ließ dazu 19 Brücken über die Bastau legen, die dann in ebenso vielen Kolonnen übersetzten.

Um 18 Uhr, (man sagte noch 6 Uhr abends), des 31. Juli versammelte Contades seine Generale und sagte ihnen, „dass wir am nächsten Morgen angreifen werden – *que nous attaquerons le matin.*“

Dann gab er ihnen die Anweisungen über die Marsch- und Schlachtordnung. „Der Marsch soll mit dem Ertönen der ‚Retraite‘ um 22 (10) Uhr beginnen. In der Nacht wird die Hauptarmee die Bastau überqueren und sich dann in acht Kolonnen formieren und im Schutz des Südosthangs der Ebene von Minden vorrücken. Bei Tagesanbruch erwarte ich, dass die Armee in zwei Linien zwischen den ‚Roten Häusern‘ vom Gehöft Malbergen nach Hahlen aufgestellt wird. Ich habe beschlossen, die Kavallerie in der Mitte einzusetzen, weil das Gelände vor seinen Flügeln sumpfig und mit Gebüschen besetzt ist, während seiner Mitte eine offene Heide zugewandt ist. Unsere schwere Artillerie, vor den beiden Flügeln eingesetzt, wird das Gelände unter Kreuzfeuer nehmen können.“

„Im Fall einer Niederlage“ fügte er hinzu“, ist der linke Flügel und das Zentrum angewiesen, die Bastau erneut zu queren und in ihre Lager zurückzukehren, während der rechte Flügel und das Corps Broglie's in der Stadt Zuflucht nehmen. Immerhin haben wir 51.000 Mann aufzubieten und 162 Kanonen, während der Gegner nur 41.000 Mann stark, aber uns bei den Kanonen um 8 Stück überlegen ist."

Die kurze Hochsommernacht ließ nicht viel Zeit zu Verstecken. Am Abend des 31. Juli war man im französischen Lager höchst wachsam, mehr als 50.000 Soldaten waren hier versammelt. Um Mitternacht des 1. August verließ diese Armee das Lager und begann über 19 Brücken den Bach Bastau zu queren. Zeitgleich überquerte Broglie die Weser über eine Stadtbrücke und marschierte durch Minden. (Wie mögen die Gesichter der Mindener ausgesehen haben?) Das Wetter schien übrigens mit den Franzosen zu sein, denn ein Gewitter war ausgebrochen und der Donner übertönte alle Marschgeräusche. So konnte das Korps Broglie sich unbemerkt aufstellen.

* * * * * *

Die Briten und Preußen. Am 29. Juli ließ Ferdinand das Korps Wangenheim in seinen verschanzten Stellungen bei Todtenhausen zurück und rückte mit den Resten seiner Armee nach Friedewalde und Hille vor, um sicherzustellen, dass seine Linke sich schnell mit Wangenheims Rechten verbinden konnte. Die Briten nahmen den Ehrenplatz rechts von der Linie ein, Streikposten wurden nach vorn geschoben. Ein kleines Korps wurde nach Lübbecke geschickt, um die Verbindung mit dem Erbprinzen von Braunschweig aufrecht zu erhalten.

Am 31. Juli gegen 9 Uhr meldete Kapitän von Bauer, der von einer Anhöhe aus beobachtete, dass auf der Straße zwischen Minden und Herford eine Staubwolke zu sehen sei. In Nachrichten, die aus dem besetzten Minden heraussickerten, dass die französische Zentrale einen Umzug vorbereite. Am Nachmittag meldeten die am Ostufer der Weser aufgestellten Luckner-Husaren, dass Bewegungen im Lager Broglies zu bemerken seien.

Das Land ringsum

Das in Aussicht genommene Schlachtfeld lag westlich der Weser und erstreckte sich nordwärts bis zu den Dörfern Todtenhausen, Friedewalde, Hille und Lübbecke. Das Wiehengebirge im Süden wirkte wie eine Mauer. Flüchtende konnten leicht in eine Art von Sackgasse geraten, weil es nicht genug Übergänge über den Fluss und seine Zubringer gab. Die alliierte Armee lagerte zwischen Friedewalde und Hille hinter dem Landerbach, einem Nebenfluss der Bastau. (Man mag bedenken, dass damals harmlose Bäche und Gewässer mit moorigen und sumpfigen Ufern umgeben waren, die jegliches Betreten verhinderten.) Ferdinand, für alles seinem König verantwortlich, hatte von ihm gelernt, stets gut informiert zu sein. So hatte er im weiten Umfeld viele Vorposten aufgestellt und besaß Informanten in den Dörfern und bäuerlichen Gehöften. So kam es – von Rohdich und von Berenhorst konnten das hautnah miterleben – dass im Hauptquartier ein stetes Kommen und Gehen stattfand, wenn während der Schlacht die Meldereiter „eben kamen und gingen“. Die Wege dieser Boten mussten gesichert werden, damit sie vom Gegner nicht abgefangen wurden. Dazu waren hier 150 preußische Husaren notwendig.

Zwar gab es „vor“ der Stadt eine wiesenartige Senke, die im Bogen verlief und zwischen 8 und 11 Kilometer von der Stadt entfernt war, ber zahlreiches Gewächs wie Hecken, Sträucher, lichte und dichte Gebüsche und Wälder, allesamt wenig „aufgeräumt“, behinderten die Franzosen, sich einen Überblick über marschierende und ruhende alliierte Truppen zu verschaffen.

Dem Höhepunkt entgegen

Beim Sonnenaufgang gegen 4 Uhr 30 entdeckten Wangenheims Außenposten Broglies vorrückendes Korps uns schlugen Alarm. Ebenfalls um 4 Uhr 30 meldeten die überall an günstigen Stellen postierten Patrouillen, dass die Franzosen Hahlen erreicht hätten. Ferdinand ritt mit von Rohdich selbst vor, um sicher zu gehen. Sie sahen starke französische Kolonnen in Richtung bei Kutenhausen und in einer Staubwolke andere in Richtung Todtenhausen vorrücken. Ab hier entstand „das Problem Sackville“, das nie ganz geklärt worden ist: Hatte er Befehle von Ferdinand erhalten oder nicht? Jedenfalls, gegen 6 Uhr begannen 7 der 8 Kolonnen von Ferdinands Hauptarmee ihre Positionen einzunehmen, doch Sackvilles Kolonne war nicht eingerückt und hinterließ eine Lücke.

Der Vormarsch der Alliierten. Denn der Vormarsch der Franzosen begann bereits, nachdem der Prinz von Anhalt Ferdinand mitgeteilt hatte, dass die Franzosen den Ort Hahlen besetzt hätten. Um 7 Uhr feuerte deren Artillerie auf die noch marschierende alliierte Artillerie, schwieg aber, als die britische Artillerie 10 Minuten erwiderte, (Es muss noch erwähnt werden, wie das mit der Artillerie damals war: Man sah die Kugeln in der Luft herankommen, oder, wenn die Kanoniere eine andere Methode gewählt hatten, „heranhüpfen", – wie heute noch Kinder flache Steine so ins Wasser werfen, – dass sie aufprallen und weiter hüpfen.Versierte Soldaten konnten dann ausweichen. Ehe die französischen Kugeln wirkten, waren die französischen Kanonen nieder gekämpft.

„Nur immer feste druff!", riet von Berenhorst, „der französische Soldat ist wenig standfest, wenn er hergenommen wird."

(Das war unter Napoleon nicht so!) Jetzt müssen wir einwerfen, dass die beiden französischen Attacken, welche Oberst von Rohdich eingerichtet hatte, gerade zu dieser Zeit an anderer Stelle des Schlachtfeldes stattfanden. Noch hatte es sich beim Gegner nicht herumgesprochen, wie das ausgelaufen war – nicht einmal die französischen Oberbefehlshaber waren bisher informiert worden. Aber der einfache Soldat, überlegte der nach wie vor beobachtende Oberst insgeheim, schien damals einen besseren Riecher fürs Unglück zu haben als seine Anführer.

„Mir scheint", sagte er zu Ferdinand, „wir werden heute einen großen Sieg einfahren."

„Ja", war die Antwort, „wenn dieser verdammigte Brite mitmacht. Wie's scheint, wird hier ein Komplott gegen mich geschmiedet."

„Schicken Sie mich mit neuen Orders zu ihm", bat der Oberst.

Und so brauste dieser, ein geborener und ausgebildeter Infanterist, zu Pferd und begleitet von Berenhorst, übers Schlachtfeld davon.

Noch ein Intermezzo

George Germain Erster Viscount Sackville, Jahrgang 1716, war ein Mann, der hier näher vorgestellt werden sollte. (Von Berenhorst und von Rohdich waren froh, ihn jetzt unmittelbar kennenzulernen.) Ein Bote war vorausgeritten, sie anzumelden. Politiker – der er auch war – haben es nicht gern, überrascht zu werden; vor allem nicht von unteren Chargen.

Nach einigen Schulbesuchen trat er 1737 in die britische Armee ein und erwarb ein Offizierspatent als Kapitän des 7. Regiments of Horse und wechselte 1740 als Leutnant in das 28. Regiment of Foot. Er kam nach Deutschland, um am Österreichischen Erbfolgekrieg teilzunehmen. Dort hatte er sein erstes Pech in der Schlacht bei Fontenoy und geriet verwundet in französische Gefangenschaft. Diese Verwundung brachte ihm die baldige Entlassung ein, so dass er in Schottland als Colonel im Regiment des 20. Regiments of Foot dienen konnte.

1747 und 1748 diente er unter dem Duke of Cumberland als Colonel des 12. Regiments of Dragoons in den Niederlanden. Dann wurde er 1753 Abgeordneter im irischen Unterhaus, dann wieder Soldat, und zwar in Deutschland. Am 1. August 1759, also in der Gegenwart, hatte er einen von Ferdinand geplanten Vorstoß in die französische Infanterie und Kavallerie zu führen – tat es aber nicht: Darum wurde er jetzt ausgesucht.

„Ihn zur Rede stellen?“, frage der Oberst.

„Das ist uns nicht aufgetragen worden“, antwortete von Berenhorst, „und wir müssen behutsam fragen und vorgehen.“

„Ja“, stimmte von Rohdich bei, „denn sein Regiment war es doch, das vorhin die französische Kavallerie auf kürzeste Entfernung heran kommen ließ und dann er feuerte.“
„Und warum sind wir dann hier?“
„Weil Sackville des Herzogs Befehl zur konsequenten und damit vollkommenen Vernichtung der Kavallerie nicht befolgte.“

Nun empfing er des Oberkommandierenden Sendboten durchaus höflich und kaum arrogant.
„Der Herzog lässt durch uns anfragen“, übernahm von Rohdich das Wort, „weshalb Euer Ehren die Verfolgung nicht aufgenommen haben?“
„Als die Franzosen“, antwortete Sackville bereitwillig, „die total versprengt waren, von selbst abzogen und das Schlachtfeld räumten, was vielleicht vom Herzog nicht ganz erkannt wurde, hielt ich es nicht mehr für notwendig, das zu tun, auch um meine Männer zu schonen.“
Oberst von Rohdich wollte aus der Befragung kein Verhör machen und lenkte ein, nicht ohne wie von Berenhorst zu denken: Nun, es war bekannt, dass er mit dem Chef der Kavallerie, Lord Granby, in Streit lag und diesem den Ruf, die feindliche Kavallerie geschlagen zu haben, nicht gönnte.

Wir greifen nun vor und teilen mit, dass Sackville des Kommandos enthoben und nach England zurückgeschickt wurde. Dort lehnte er die Verantwortung ab und kam damit durch – wir ersparen uns die weitere Berichterstattung, weil sie hier nicht zum Thema gehört.

Weiter in der noch laufenden Schlacht

Herzog Ferdinand hatte „alle Hände voll zu tun“ und tröstete Oberst von Rohdich auf „später“. Der Duc de Fitzjames schickte sich an, 14 Schwadronen Royal Étrangers und 8 Schwadronen der Bourgogne Brigade seiner zweiten Linie nach vorne zu bringen. Alles ging nun ein wenig durcheinander und war später von militärischen Laien schwer zu verstehen.

„Dies wird“, sagten von Rohdich und von Berenhorst unisono, „kein Tag der Kavallerie.“

Und wieder fetzte ein Adjutant des Herzogs zu Sackville, seine Kavallerie des rechten Flügels heranzuziehen – doch keine seiner Schwadronen bewegte sich! Nun lernten unsere beiden Beobachter ihren Herzog erst einmal richtig kennen, nachdem ein vierter, gar fünfter Bote zu Sackville geschickt worden war und diese Mahnungen nichts gebracht hatten: „Mein Gott“, rief er empört und beinahe gewalttätig aus, „gütiger Gott, gibt es keine Möglichkeit, dessen Kavallerie zum Vorrücken zu bringen!“

„Die gibt es natürlich“, sagte von Rohdich.

„Ja“, stimmte sein Kamerad zu, „sofortige Absetzung und Verhaftung wegen Befehlsverweigerung. Unser König hätte den Lord unverzüglich an Ort und Stelle erschießen lassen.“

„So schnell schießen die Briten nicht“, antwortete von Rohdich.

Generalleutnant Comte Guerchy, welcher die Infanterie des französischen linken Flügels befehligte, zog nun die beiden sächsischen Brigaden der zweiten Linie hinter seinen linken Flügel und stellte sie in zwei Kolonnen neben der Straße von Minden nach Hahlen und plante einen überraschenden Angriff auf die dortigen Quartiere der Alliierten. Doch als er beobachtete, wie Spörckens Division die französische Kavallerie bedrängte, beschloss er, seinen Angriff zu verschieben und der Kavallerie mit seinen beiden Brigaden zur Hilfe zu kommen. Nun brauchte die Division Spörcken selbst Hilfe. Weil Sackville weiterhin passte, kam endlich Hilfe von der hannoverschen schweren Artillerie unter Major Haase, die zwischen einer Windmühle, der von Hahlen, und einem Tannenwald Stellung bezogen hatte.

Diese hannoverschen Truppenteile arbeiteten selbständig – wie Oberst von Rohdich bewundernd bemerkte und von Berenhorst zufrieden mit „Donnerwetter“ kommentierte – denn sie hatten eigene Stäbe, die nur die Bewegungen des Feindes meldeten und die Gegend kannten, als wäre sie ihr Garten. Herzog Ferdinand hatte ihnen ausdrücklich „ans Herz gelegt“, jede Gelegenheit zu nutzen, „den Feind zu attackieren.“

Zu weiteren Überlegungen kamen sie nicht. Denn es ertönte ein Geläute, das klang „wie mit einem Hammer auf eine Kugel zu schlagen“ – und tatsächlich, so war es. Es war der britische Koch Ernest Kooki, der dann ankündigte:

„Yu are komme nun, Iting is reddy nun, kamm tu tisch nau!“

Sogar der Herzog gehorchte und bald war der runde Eichentisch besetzt. Während der Koch auftrug, sagte Ferdinand:

„Da hat mir eine gewisse Frau von Oesfeld einen Beutel Frühkartoffeln geschickt und ein Rezept dazu – ich lese vor: Man nehme drei bis fünf Erdäpfel pro Person, schäle sie, koche sie und zerstampfe sie – sie sind dann Stampfkartoffeln – und vermische den Brei mit Salz, Pfeffer, Mehl, Rinder- oder Schweinehack und Butter und forme ihn zu Handteller großen dicken Bällchen, welche nun in einer Pfanne lecker braun von beiden Seiten gebraten werden. Dazu reiche man Apfel- oder Pflaumenkompott und trinke einen milden Weißwein...“

Der Oberst verzog keine Miene, obwohl ihm – natürlich – das Rezept bekannt vorkam und das Ergebnis desselben eine seiner Leibspeisen war.

„Übrigens“, fügte der Herzog hinzu, „der Herr Oberst wird von seinem König aufgefordert, morgen und sehr unverzüglich heimzukommen. Es stände nicht gut an der Oder und die Russen und Österreicher wollen getrennt marschieren und vereint schlagen. Ich brauche jeden Mann hier“, fügt der König hinzu, „und wenn ich nicht in Potsdam bin, dann im Gute-Nacht-Ort Kunersdorf – citi-citissimo.“ (Zeterte immer Friedrichs Vater!)

„Schade“, sagte von Rohdich, „dann bekomme ich die Entscheidung hier morgen nicht mit.“

„Sie ist schon gefallen“, behauptete Ferdinand, „der Feind ist auf der ganzen Linie geschlagen.“

Stimmte das? So viele Stunden vorm Abend?

Plötzlich, wie von einer Eingebung getrieben, befahl Ferdinand die sofortige Abreise seines Gastes und des Herrn von Tempelhoff. Das ging mit Hauruck und im Ruckzuck vor sich, es würde noch fünf Stunden hell sein. In einer halben Stunde war alles zur Abfahrt bereit, der Herzog weinte fast und bat, ihn bei der „Gnädigen Frau“ = Frau von Osfeld zu entschuldigen, „dass ich Ihren Gatten so lange festgehalten habe und ich danke für das leckere Rezept, das in meiner Familie eine Himmelsgabe sein wird und ich werde meinem Gärtner den Popo heiß machen, wenn er Kartoffeln nicht flugs anbaut – meine Verehrung für Ihren fabelhaften Ehemann..."

* * * * * *

Sie fuhren schon eine Stunde lang gen Osten und gegen Nordosten, jetzt durch einen Wald so schön, wie er heutzutage kaum noch vorkommt – aber „im Wald, da sind die Räuber" – heute nicht mehr, doch im 18. Jahrhundert wohl. Es stand einer, der Robin Hood aufs Haar glich, mitten auf dem Weg, so dass die beiden Pferde unisono stehenblieben.
„Ein Bettler", reif der Kutscher nach innen, „soll ich ihm eins überziehen?"
Die Antwort erübrigte sich, denn dieser Mann stand nun an der Tür, wo Tempelhoff saß, und richtete ein Pistol auf ihn.
„Hippe krank", behauptete er, „Frau kaputt, ganzes Stall voll Jammer, gebt euren Zaster her, ihr Fettsäcke, sonst knallt's, und was zu fressen auch."
Tempelhoff blieb ganz ruhig – dass er sein Pistol schon in der Hand hatte, wusste von Rohdich nicht und war von außen nicht sichtbar.
„Wisst ihr nicht?", fragte Tempelhoff bewusst höflich, „dass man eine königliche Kutsche nicht überfällt – wenn man euch erwischt, werdet ihr gevierteilt oder gerädert oder verbrannt..."
„Was heißt hier ‚ihr' und ‚euch' - ich bin doch allein..."
Und er drehte sich um. Das hatte Tempelhoff erreichen wollen: Er schoss dem Mann die rechte Hand, welche die

Waffe hielt, kaputt und rief gleichzeitig „hallo Kutscher, weiterfahren!"
„Donner und Doria!", rief der Oberst, „den Trick muss ich mir merken!"
Wir lassen die beiden weiterfahren und wenden uns der Schlacht wieder zu.

Abgesang einer Schlacht

Die weite Landschaft vor Minden – Briten, die bereits in Amerika gefochten hatten, nannten sie Prärie – war übersät von Kavallerie, „bedeckt", die sich austobte wie sonst nur bei Manövern. Flüchtende Franzosen, die sich nicht ergaben, wurde der Säbel übern Kopf gezogen oder erhielten den Nackenschlag von oben, dass sie hinstürzten und verbluteten. Wer der Verfolger eine Pistole geladen und bedienen konnte, machte den Kopfschuss, „dass das Gehirn übers Schlachtfeld spritzte". Die Schlacht wäre für Frankreich zu einer Katastrophe geworden, hätte Sackvilles Kavallerie zu diesem Zeitpunkt eingegriffen.

Während der wiederholten Angriffe der Alliierten in der Mitte der Schlachtlinie hatte sich Maréchal Contades seinem rechten Flügel der Infanterie angeschlossen. Zwei seiner Brigaden, Touraine und Rourgue, rückten unter Generalleutnant Beaupréau südöstlich von Malbergen vor. Contades befahl, die Flanke der alliierten Infanterie , während sie gegen seine Kavallerie. Contades schickte Hilfe, nämlich die Du Roy-Kavalleriebrigade, um Beaupréaus Angriff zu unterstützen.

Die französischen kommandierenden Generale hatten das Pech, einen Anführer zuhaben, der noch unentschlossener sein konnte als ihr Gegenspieler Ferdinand von

Braunschweig. Das Beispiel lieferte jetzt Duc de Broglie, der Contades aufsuchte, um ihn zu warnen, dass ein Angriff auf die Stellungen von Wangenheims problematisch sein würde, weil dieser mit schwerer Artillerie gut bestückt sei. „Es ist wohl besser, Eure jetzige Position zu halten.“ „Sie, die Franzosen“, kommentierte von Berenhorst, „haben es satt, von unserer Kavallerie niedergeritten und von unserer Artillerie niedergemäht zu werden.“

Stellenweise und im Lauf der Schlacht änderte sich das Kräfteverhältnis von Eins zu Eins zu Gunsten der Alliierten – ein Ergebnis der besseren Führung und Übersicht. (Man sollte sich in Erinnerung rufen, dass die Franzosen als Besatzer der Stadt Minden wie in der Loge eines Theaters saßen und den Verlauf der Schlacht erst optimistisch, dann aber sorgenvoll beobachteten. Der preußische Bürgermeister, der aus dem Kerker entlassen worden war, sah seine Chancen steigen, morgen wieder amtieren zu können.)

Als die beiden französischen Brigaden unter Beaupréau ihren Vormarsch beginnen wollten, hatten die Preußen unter den Generalen Wutginau und Imhoff ihre Neuaufstellung beendet und warteten auf ihren linken Kavallerieflügel unter Herzog von Holstein-Gottorp, der südlich von Stemmer aufmarschierte, da musste sich Beaupréaus nun plötzlich isolierte Brigade einer Übermacht stellen, da machten sich – wie es heißt – die alliierten Regimenter „mit der Bajonettspitze“ zu Herren von Malbergen. Sie eroberten fünf Geschütze. (Das Erobern von Kanonen und Fahnen zählte damals zu den besonderen „Heldentaten“, mehr noch als die getöteten, verwundeten und gefangen genommenen Soldaten.)

Schlachtfeld-Hyänen?

Noch bevor von Rohdich sich an die Aufgabe machte heimzukehren, erlebte er eine Szene, die so recht in seine Stimmung passte und ihn veranlasste, sich auch später für „die armen Schlucker der Welt“ einzusetzen. Er hatte schon einmal in Potsdam seinen König darauf angesprochen, was geschah, wenn die Grundeigentümer wie zum Beispiel die Landwirte, auf deren Äckern, Wiesen, Weiden und in ihren Forsten Forderungen auf Wiedergutmachung stellten.

„Machen ihnen“, hatte der König geantwortet, „unsere und ihre Feinde alles kaputt, so sollen sie sich an diese wenden…“

Das war ziemlich zynisch dahergesagt.

„und wenn“, fuhr der König fort, „wir selbst ihnen das angetan haben, bekommen sie ja die Erlaubnis und den Befehl, die Leichen der Gefallenen unter die Erde zu bringen und sich dabei anzueignen, was ihnen gefällt. Ich habe mir berichten lassen, dass sie ganz scharf auf die Uniformen sind, aus denen sie sich neue Bekleidung machen. Auch Geld finden sie und andere Wertsachen…“

So weit der preußische König…

* * * * * *

Jetzt war großes Geschrei, Geheul und verworrenes Fluchen und Schimpfen zu hören. Gendarmen schleppten einen Mann, dessen Frau und zwei erwachsene Jungens mit, die kräftig mitschimpften und einige Boxhiebe und Fußtritte unter die Soldaten verteilten. Als sie den Herzog und all die hohen Offiziere und mich vortreten sahen, zo-

gen sie die Hüte oder machten Diener und Knickse – jedenfalls sahen sie nicht wie Räuber aus.
„Wir haben sie dabei erwischt“, berichtete der begleitende Offizier, „wie sie Leichen ausplünderten, sie sind Hyänen der Schlachtfelder und wir führen sie Ihnen, Herr General, zur Aburteilung vor.“
Sie meinten mich und der Herzog ließ es zu. So kam folgendes heraus.

Sie hatten sortiert: Nach links die toten Franzosen und nach rechts die toten Alliierten, Preußen, Engländer und Westfalen etc.
„Die verdammigten Franzosen haben wir nackert ausgezogen und werden wir, wenn man uns lässt, heute in der Nacht begraben…“
„Sie haben uns vorher schon ausgeplündert bis auf den letzten Pisspott, Herr Obergeneral“, rief die Frau schrill, „und versucht, unsere Frauen zu notzüchtigen, was nur ein anständiger französischer Major verhinderte und…“
„Und es steht uns per königlicher Order alles zu, was wir gebrauchen können“, fiel der Mann ihr ins Wort, „und vor allem, wir sind keine Hyänen oder Leichenfledderer.“
„Kennt Er denn?“, fragte Herzog Ferdinand, „Hyänen?“
„Klar doch, Hochwürden, das sind diese afrikanischen Köter und Menschenfresser, oder?“
„Und ihr habt, Hand aufs Herz, nur die Franzmänner beklaut?“, fragte ich.
„Genau das, Exzellenz, und wir fordern sofortige Freilassung!“
Das geschah aufs prompte Nicken des Herzogs hin.

Der französische Rückzug

Er fand statt, als Oberst von Rohdich seine Rückkehr nach Potsdam organisierte. Von Berenhorst wollte hierbleiben, von Rohdich würde, so Ferdinands Anordnung, jedoch nicht allein in der Königskutsche reisen, sondern von Georg Friedrich Tempelhoff begleitet, der, erstens, sein „von“ noch nicht besaß, aber, zweitens, nach Aussagen seiner Freunde, mit der Pistole einer Fledermaus ein Auge ausschießen konnte, „ohne dass sie‘s merkt“.
„Der Kutscher“, beruhigte Ferdinand seinen neuen Freund, „ist ebenfalls ein unerschrockener Mann – und ich verweise darauf, dass kaum jemand es wagen wird, eine königlich-preußische Kutsche anzugreifen – er würde in Magdeburg gevierteilt.“

Im Prinzip fand damals nach Schlachten eine Verfolgung statt – man bemühte sich, konnte es aber nicht immer Menschen und Tieren zumuten. Viele waren zu KA-O – wie man später sagte – und wollten noch vor dem Abend- oder Nachtessen, ruhen und schlafen, Nickerchen machen und pennen. Oft ließ eine geschlagene Armee ihre „Knarren“ und Kanonen einfach liegen und waren in Gefangenschaft, als sie aufwachten.

Wo waren der Oberst und sein Mitreisender Tempelhoff, als sie in später Nacht ihre Unterkunft erreichten? Antwort: Wie die Franzosen auf dem Rückzug! Der Herzog hatte ihnen Papiere mitgegeben, auf die sie überall bestens unterkamen – diesmal in einem Zelt vor Magdeburg. Wo der Standortkommandant sie erwartete und schon über den „Sieg bei Minden“ unterrichtet war.

„Man kann nur staunen“, sagte der Oberst anerkennend, „wie schnell sich sowohl gute als auch schlechte Nachrichten herumsprechen.“
„Nun, so schnell wie das schnellste Pferd, beziehungsweise wie die schnellsten Pferde.“

Dann mussten von Rohdich und Tempelhoff berichten, was sie der Wahrheit gemäß zwischen Gulasch, Kohlgemüse, Roggenbrei, Bratwürsten, Soldatenbier und Offizierswein taten. Von Rohdich wies den Kommandanten „auf die Erdäpfel hin, welche jetzt überall, wo‘s ums Essen ging, als Tuffels, und Cartoffula dabei waren, „in aller Munde zu seien. Seine Majestät hat ihre Bedeutung als wichtigstes Nahrungsmittel für die Bevölkerung und unsere Soldaten anerkannt und fördert sie auch in seinen Schlossgärten in Potsdam.“
„Nicht einmal“, warf ein Adjutant hochnäsig ein, „die Schweine mögen sie.“
„Sie müssen vorher gekocht werden“, sagte Tempelhoff tapfer.

Dann kam man auf die Schlacht zu sprechen. Als von Rohdich die Franzosen als tapfer und mutig bezeichnete, die aber nicht gut geführt würden, erregte er allgemeinen Zweifel, und darum änderte er das Thema und wies darauf hin, dass die Bedrohung Preußens im Osten größer sei als je zuvor:
„Nach meinen Informationen wollen sich Russen und Österreicher jetzt vereinigen und gegen Berlin ziehen, und das kann unser König nicht zulassen.“

Dann war‘s Zeit zum Schlafengehen. Tempelhoff, der Tagebuch führte – „um später alles besser im Buch be-

schreiben zu können“ – setzte sich noch hin und machte seine Notizen. Von Rohdich gähnte bereits, als Tempelhoff fragte:
„Darf ich sie Ihnen mal zuschicken, damit Sie sie korrigieren können?“
Durfte er – dann schnarch-schnarch – ein langer Tag ging zu Ende.

„Rückzüge gehören ebenso zu einer Schlacht wie Vormärsche“, soll ein berühmter Stratege einmal gesagt haben. Er wird wohl recht haben. Wir benutzen hier die Aufzeichnungen Tempelhoffs, so wie er sie dem Oberst zur Verfügung gestellt hat, wenn auch leicht gekürzt und zum Umfang dieses Buches passend – später sollen noch die Folgen der Schlacht für Sieger und Besiegte folgen.

Zuvor jedoch und nicht ans Ende gesetzt die Schilderung der Heimkehr des Oberst Friedrich Wilhelm von Rohdich. Tempelhoff war in Magdeburg verblieben. Zwei Tage später fuhr die königliche Kutsche in Potsdam vor, nachdem ein reitender Bote sie angekündigt hatte, der sofort bei SM = Seiner Majestät Bericht erstattete.

Tatsächlich – wie bei einem richtigen Ehepaar fielen sich beide Partner in die Arme und konnten „einander nicht lassen“. Auch die Nachbarn, die stolz auf den „schmucken“ Oberst waren und der Vater desselben, alternder Hauptmann der Werderschen Kompanie, waren zur Stelle. Gegessen wurde freilich nur zu Dritt. Caroline hatte wieder einen Kochversuch gemacht – mit Kartoffeln „natürlich“, den sie nun im Haus servierte: Einen Auflauf „natürlich“:
„Man nehme für 3 bis 4 Personen, die keine Fresser sind:
zwei Pfund Kartoffeln,

zwei mittelgroße Zwiebeln,
zwei bis vier Scheiben Schinken,
Öl, Sahne, Milch, Eier, Salz und Pfeffer.
Den Ofen vorheizen, die Kartoffeln schälen und in dünne Scheiben hobeln, die Zwiebeln hacken und den Schinken würfeln. In einer Pfanne das Öl erhitzen und die Zwiebeln anschwitzen. In einer Schüssel Sahne, Milch, Eier und die Gewürze verquirlen. Dann das Ganze entweder in eine Metallform oder in eine der feuerfesten Porzellanformen füllen und im Ofen aufbacken, bis sich die obere Schicht braun färbt und knusprig aussieht – fertig ist das Ganze und kann nun portionsweise verputzt werden.
„Lass nur“, sagte der Oberst, „den König nichts davon hören und sehen...“
„Warum nicht, mein Schatz?“
„Weil er dich dann sofort mir wegnimmt und...“
Es kam schlimmer! Friedrich II. hielt sich in Kunersdorf auf und schickte einen Boten mit einem schnellen Pferd, den Oberst zur Berichterstattung herzuholen.

* * * * * *

„Majestät“, begann von Rohdich seinen Bericht, „die Franzosen sind totaliter geschlagen und jetzt bereits dem Rhein sehr nahe gekommen. Feldherr Contades glaubte Hannover schon als sichere Beute zu haben, vereinigte sich mit Broglie und eroberte Kassel, Paderborn, Münster und Minden, das uns hier schon nahe liegt. In Paris soll großes Verlocken über diesen glänzenden Anfang aufgeklungen sein. Contades musste nun schlagen, weil ihm der Erbprinz (von Braunschweig) den Rücken versperrt hatte. So vertraute

Contades seiner Übermacht und Zog Herzog Ferdinand entgegen. In einer Schlacht, die ihresgleichen sucht, haben wir ihn besiegt und nun retiriert er schnurstracks über den Rhein..."
Friedrich hatte geduldig zugehört. Jeder, der ihm vorträgt weiß, dass er lieber selbst redet als zuhört.
„Herzog Ferdinand hat mir geschrieben", sagte er, „dass Sie, Oberst, eine neue Methode zur Niedermähung angreifender Kavallerie oder Infanterie ausgeknobelt haben, die sehr problematisch ist – erzählen Sie mir darüber."
„Das ist schnell getan, Majestät."
Und der Oberst berichtete schonungslos. Danach wackelte der König mit Kopf und Hut und sagte:
„Das ist eine etwas rauhe Methode, doch scheint sie mir für die hier anstehende Schlacht geeignet zu sein. Russen und Österreicher sind mir unsympathischer als Franzosen."
Das wusste hier jedermann.
„Kann sich?", fragte er, „schon herumgetragen haben, wie Sie die Franzosen auf die Schippe genommen haben?"
„Ich denke ja", antwortete der Oberst, „es sind ja auch die Korrespondenten der Zeitungen dabei gewesen, wenn auch die Vorgesetzten der geprellten Kavallerie tunlich geschwiegen haben könnten."
„Fühlen Sie sich in der Lage, Oberst, Ihr Bataillon Garde in ein, zwei oder drei Tagen so einzuüben, dass es ebenso wie unsere Mindener Soldaten den Trick ausführen könnte?"
Ehe der Oberst antworten konnte, zählte der König an den Fingern die Tage ab:
„Spätestens am 12. August rechne ich mit einer Schlacht hier im Umfeld, vielleicht schon für den 9. oder 10. Jetzt

haben wir den 4. und nur wenige Tage, das Manöver auszuüben."
„Wenn wir ab morgen üben auf Teufel komm raus", antwortete von Rohdich gnadenlos, „können wir das schaffen. Soll ich die notwendigen Anordnungen treffen, Majestät?"
Er wirkte seltsam unentschlossen – später erfuhr man, dass es eine merkwürdige Siegesgewissheit war, die ihn zögern ließ, und – das ist das Allermerkwürdigste daran, dass seine Generale ihn so negativ beeinflussten, „nicht auf den Obersten zu hören".
„Ich werde von mir hören lassen", sagte er jetzt, „Sie bekommen von mir einen Erholungsurlaub und ich werde Sie rufen lassen. Grüßen Sie Frau von Osfeld von mir und wenn sie will, kann sie mir ihre neuesten Bratkartoffeln persönlich herbringen – nach der gewonnenen Schlacht von Kunersdorf."

* * * * * *

Dieses Kaff, das der Oberst nun durchritt, machte einen schlechten Eindruck auf ihn. Manche ärmliche Passanten sprachen ihn als „Her König" an und baten, seine Truppen „weiter von hier fortzuziehen" und die Russen fernzuhalten. Er machte, dass er heimkam. Als er in Potsdam eintraf, war just ein Bote dagewesen und hatte den „amtlichen" Bericht vom Rückzug der französischen und sächsischen Truppen von Minden gebracht. Der Absender war Herr von Tempelhoff – und damit kommen wir hier zum letzten Kapitel dieses Buches. Die Hauptwirkung des Sieges über die Franzosen ist vielfach beschrieben worden, der Autor verzichtet auf Wiederholungen. Sie besteht darin, dass

Deutschland vorerst Ruhe vor den Franzosen hatte. Stattdessen kramt der Autor ein Lied heraus, das nur wenige Jahrzehnte später in Deutschland gesungen wurde:

„Wer kraucht denn dort im Busch herum?
Ich glaub, es ist Napoleum.
Was hat denn zu krauchen dort -
auf, auf Kameraden, jagt ihn fort!"

Das Ende in Minden

Georg Friedrich Tempelhoff, der 1784 sein „von" bekam, wurde am 19. März 1737 auf Gut Trampe bei Eberswalde geboren. Seine preußische Familie stammte ursprünglich aus Mühlenbeck in der Mark Brandenburg und er war der Sohn des preußischen Amtsrats Samuel Tempelhoff, Pächter der Staatsdomäne Trampe.

Er trat als Absolvent der Universität Frankfurt an der Oder und der Universität Halle 1756 in die preußische Armee ein, nahm als Artillerist an allen Schlachten seines Königs teil und begann nach den Kriegen mit militärhistorischen, mathematischen und astronomischen Studien. 1775 vollendete er sein erstes Buch über die Taktik der Artillerie – „und so weiter und so fort", das gehört nicht mehr hierhin.

Und so weiter: Jetzt hatte Oberst Friedrich Wilhelm von Rohdich Tempelhoffs handgeschriebenes Manuskript vor sich liegen und Friederike bot sich, es ihm vorzulesen. Es behandelte den Kriegsschauplatz um Minden ab dem 2. August 1759.

* * * * * *

Friederike Caroline von Osfeld las so spannend vor, dass der Oberst, obwohl noch nicht ganz entspannt, ein Nickerchen gar nicht zu unterdrücken brauchte oder sich mit einigen Schlucken verdünntem Rheinwein wachzuhalten brauchte. Und er hatte bei Minden angefangen, Pfeife zu rauchen – natürlich nicht im Dienst! Hier also der Bericht des Georg Friedrich Tempelhoff.

...damit war der morgendliche Sieg um 9 Uhr praktisch entschieden. Noch kämpften die französischen Flügel, bald aber wurde das Zentrum von den flüchtigen Soldaten mitgerissen. Jetzt, auf der Flucht, machten sich die vielen Brücken über die Bastau, bezahlt. Gerät einmal eine Armee rückwärts ins Laufen, dann ist sie kaum noch aufzuhalten – erinnern wir uns der Antike, wo Xerxes, Caesar, Hannibal und Varus dasselbe erfahren mussten.
Doch Broglie, ein fähiger Mann, hielt am rechten Flügel noch stand. Noch zögerte Marschall Contades, da erreichte ihn die Meldung, dass seine rückwärtigen Verbindungen durch einen Erfolg des Erbprinzen von Braunschweig gegen den Herzog von Brissac gefährdet seien. So musste Contades die Festung Minden – die noch in französischer Hand war – aufgeben und über die Weser zurück gehen. Das geschah in guter Ordnung gegen 10 Uhr abends bzw. nachts. Gelangte aber nach Mitternacht nur bis Kleinenbremen. Ferdinands siegreiche Armee nächtigte auf dem Schlachtfeld – nicht ohne „Nun danket alle Gott mit Herzen, Mund und Händen..." zu singen, begleitet von den Hornisten der Regimentskapellen, während Sanitäter, Helfer und Ärzte in weißen Kitteln, geistliche in schwarzen und so genannte Medizinmänner den verwundeten und

sterbenden Soldaten vorletzte und letzte Tröstungen spendeten. Ich erwähnte es schon: Eine tatsächlich wirksame Verfolgung des geschlagenen Gegners fand nicht statt. Die Wachtfeuer blieben bis zum Morgengrauen an. Ein Unteroffizier, der sich ausgepinkelt hatte und seine letzte Reserve aufaß, die ihm seine Liebste noch zugesteckt hatte, brachte die lage auf den Punkt: „Danket Gott auch dafür, dass ein Nachtgewitter ausgeblieben ist..."

Als am 2. August die Festung Minden vom General Dagien an den Sieger übergeben wurde, ließ dieser um 11 Uhr die Armee zum Gottesdienst auf der Minder Heide antreten und es geschah, was hier noch nie gehört worden ist und wohl nicht noch einmal zu hören sein würde: Es wurde auf dem Schlachtfeld ein Gottesdienst zelebriert, der alle Rahmen sprengte und so von den Hängen des Wiehengebirges zurückhallte, dass alle Wildtiere, die sich bereits am Lärm der Menschen gewöhnt hatten, schwiegen und verhofften, (Jägerausdruck für abwartend wachen), die Vögel im Gesang innehielten und „Bautiere" wie Füchse, Dachse, Iltisse sich in ihre Baue verkrochen. Man dankte noch einmal Gott, „mit Herzen, Mund und Händen", aber der dritte Schlesische Krieg dauerte noch bis 1763 – dann hatten Kaiserin, Kaiser, die Russen, Schweden, Franzosen, der Pabst und Reichstruppen „die Nase" voll.

„Ich bin so froh", sagte Caroline, „dass du in Minden nicht mitfechten musstest, aber nun soll es an der Oder eine neue Schlacht geben..."

„Der König hat mich", beruhigte der Oberst, „mich und mein Bataillon zur Erholung und Bewachung Berlins freigestellt."

Damit endet diese Abhandlung über die Schlacht bei Minden. Es gibt nur zweierlei nachzutragen:
Erstens, dass die Preußen bei Kunersdorf so gewaltig geschlagen wurden, dass er jeden Lebenswillen verlor – er hatte ja schon immer mit Selbstmord geliebäugelt.
Zweitens: Dass der Gohfelder Weihe am 15. Februar 1763, als der Hubertusburger Frieden geschlossen wurde, sein „Danklied auf den allgemeinen Frieden" dichtete und singen ließ. Wer kann, mag mitsingen – hier ist der Text:

Lobe nun den Gott der Liebe, Zion lobe deinen Gott.
Lobe durch des Geistes Triebe, er macht jeden Feind zum Spott.
Er macht deinen Grenzen Frieden, sing ihm nun ein neues Liede,
Sage: Tausendmal sei dir, teurer Vater, Dank dafür...

Es ist noch nachzutragen, dass Herr **von** Tempelhoff seine Karriere noch machte und dass Herr von Rohdich seine Caroline noch heiraten konnte – allerdings erst unter König Friedrich Wilhelm II. und dass er, im Haus Pariser Platz 3, sein Leben als General der Infanterie und preußischer Kriegsminister lassen musste. Er vererbte dieses Haus den armen Kindern seines Regiments, und diese Stiftung existiert heute noch unter dem Namen „von Rohdich'scher Legatenfonds", und daher kommt es, dass sein Grab auf dem Invalidenfriedhof zu Berlin von der Bundeswehr betreut wird. Noch eine Frage steht an: Warum ist auf dem Buchumschlag der König zu sehen und nicht der Feldherr Ferdinand von Braunschweig? Nun, dieser war Befehlsempfänger und jener Befehlsgeber. Und dieser hatte für alles einzustehen, das er angezettelt hatte und – man wird dem Autor und Verleger recht geben – ist auch fotogener als der Herzog

„*Multis ille bonis flebilis occidit*“ - *(Horaz)*

„Von vielen Guten betrauert ging er von uns.“

„*Per aspera ad astra* – über raue Wege zu den Sternen“.

Ende

Anhang

Der Autor verweist auf sein Buch „Leben für Preußen“, ISBN 978-3-96103-829-9, das eine Biografie seines Vorfahren ist.

Die Literatur zum Thema: Der Autor hat sich die Mühe gespart, ein Literatur-Verzeichnis aufzuführen. Heutzutage hat das Internet jedem Autor diese Arbeit abgenommen. Es ist ungeheuer leichter, zu Hause am Schreibtisch im Internet zu stöbern als in Bibliotheken in Städten Universitäten und Gemeinden.

Die beigefügten Bilder: Der Autor hat sich um Rechte bemüht und ist meist erfolgreich gewesen – vielen Dank! Er versichert, dass seine Bücher nicht zum Erwerb geschrieben worden sind, denn sie kosten mehr als sie einbringen. (Doch: „Wer schreibt – der bleibt!“)

Das Lektorat. Es führte, wie bei allen Werken des Autors, Ilka Wallmeyer-Rohdich mit gewohnter Sorgfalt aus.

Alle anderen Bücher des Autors: Sie sind im Internet aufgeführt.